GAFA를 노리는 작은 거인들

2021년 4월 30일 1판 1쇄 발행

지은이 | 사이토 도오루
옮긴이 | 김소연
펴낸이 | 양승윤

펴낸곳 | (주)영림카디널
　　　　서울특별시 강남구 강남대로 354 혜천빌딩
　　　　Tel. 555-3200　Fax.552-0436
　　　　출판등록 1987. 12. 8. 제16-117호
　　　　http://www.ylc21.co.kr

값 15,500원

ISBN 978-89-8401-238-7 (03320)

*소중한 기획이나 원고를 이메일(editor@ylc21.co.kr)로 보내주시면
　출간 검토 후 정성을 다해 만들겠습니다.

MZ세대가 이끄는 혁신 비즈니스 모델

GAFA를 노리는 작은 거인들

Google　Apple　facebook　amazon

사이토 도오루 지음 · 김소연 옮김

영림카디널

요즘은 어디를 가든 '이노베이션(innovation)'이라는 단어를 흔히 듣는다.

사전적 의미로 혁신, 쇄신인 '이노베이션'은 '새로운 기술이나 아이디어로 사회에 새로운 가치를 창출하는 변혁'을 뜻한다. 지금은 어떤 업계든 어떤 조직이든 '이노베이션'을 하지 않으면 생존하기 어려운 시대가 되었다.

그런데 당신은 '어떤 이노베이션이 일어나고 있는지' 얼마나 알고 있는가?

사실 이 순간에도 독자적인 아이디어와 기술로 업계의 세력 판도를 뒤집는 이노베이션 기업들이 세계 곳곳에서 등장하고 있다.

잘 알려진 예로 에어비앤비(Airbnb)가 있다.

샌프란시스코에서 탄생한 이 기업은 '저렴하고 특별한 여행 체험을 하고 싶은' 사람과 '비어 있는 공간을 간편하게 빌려주고 싶은' 사람을 연결해 주는 아이디어 하나로 세계적인 거대 비즈니스를 일궈냈다. 발상 자체는 단순하지만 아주 훌륭한 이노베이션이다.

혁신적인 아이디어나 비즈니스 모델을 알게 되면 그 자체로 가슴이 뛰게 된다.

미국 NBC계열 경제뉴스 전용방송인 CNBC는 이렇게 독특한 아이디어로 급성장을 이루고 있는 전 세계 이노베이션 기업의 순위를 매년 발표하고 있다.

시장의 판도를 뒤흔드는 디스럽터 50(Disruptor 50)

원래 '디스럽트(disrupt)'는 '파괴하다'라는 뜻이므로 '디스럽터 (disruptor)'를 직역하면 '파괴자'이다. 하지만 최근에는 다양한 이노베이션으로 업계의 판도를 뒤집는 신흥기업이나 플레이어를 '디스럽터'라고 부른다.

이 책은 업계를 파괴하는 기업을 겨냥한 것이지만 '파괴자'보다는 '혁신가'의 이미지에 더 가까울지도 모르겠다.

경제뉴스 전용방송인 CNBC는 이런 파괴적 혁신기업을 매년 50개씩 선정해 발표하고 있다.

이 책은 최근 '디스럽터 50' 가운데 특히 독특하고 혁신적인 비즈니스를 전개하는 기업 20개사를 선정해 비즈니스 아이디어부터 창업자의 사고방식, 업계 특유의 배경이나 창업 성장 스토리 등을 중심으로 소개하고자 했다.

전 세계의 다양한 이노베이션 기업을 한 번에 간단히 훑어보고 싶었던 독자들에게는 반가운 책일 것이다. 이 책이 카탈로그처럼 가볍게 즐길 수 있으면서도 당신의 비즈니스에 도움이 되기를 바란다.

표1 디스럽터 50(2019년도 기준. 2018년과 2020년은 197쪽 참조)

No	스타트업	창업	본사	기업가치 (10억 달러)	혁신업종
1	인디고 애그리컬처(Indigo Ag)→P109	2014	보스턴	3.5	농업
2	디디추싱(Didi Chuxing)	2012	베이징	57.6	대중교통, 택시
3	위워크(WeWork)→P166	2010	뉴욕	47.0	임대 사무실
4	그랩(Grab)	2012	싱가포르	14.0	대중교통, 택시
5	렌트 더 런웨이(Rent the Runway)→P38	2009	뉴욕	1.0	패션, 소매, 전자상거래
6	굿알엑스(GoodRx)	2011	캘리포니아	2.8	헬스케어, 보험
7	에어비앤비(Airbnb)	2008	캘리포니아	31.0	호텔, 여행

8	캐스퍼(Casper)→P91	2014	뉴욕	1.1	침구
9	펠로톤(Peloton)→P77	2012	뉴욕	4.2	트레이닝
10	샤오홍슈(Xiaohongshu)→P28	2013	베이징	3.0	SNS, 전자상거래
11	콘보이(Convoy)→P52	2015	시애틀	1.1	물류
12	인모비(InMobi)	2007	싱가포르	-	광고
13	스트라이프(Stripe)	2010	캘리포니아	22.5	전자결제, 소프트웨어, 신용카드
14	캐비지(Kabbage)→P33	2009	애틀랜타	1.2	은행, 금융서비스
15	란자테크(LanzaTech)→P113	2005	시카고	0.4	CO_2리사이클
16	텍스티오(Textio)	2014	시애틀	0.1	소프트웨어
17	포노닉(Phononic)→P121	2009	노스캐롤라이나	0.3	냉각장치
18	도어대시(DoorDash)→P55	2013	캘리포니아	7.1	식재료 배달
19	징코 바이오웍스(Ginkgo Bioworks)	2009	보스턴	1.4	향신료, 조미료, 식품원료
20	이투커지(依图科技, YITU Technology)	2012	상하이	-	생체인증
21	코세라(Coursera)→P69	2012	캘리포니아	1.7	교육
22	클리어(CLEAR)	2010	뉴욕	-	생체인증
23	트랜스퍼와이즈(TransferWise)→P35	2011	런던	1.6	은행, 송금, 외화환전
24	플렉스포트(Flexport)→P33	2013	캘리포니아	-	물류, 수송 중개
25	패너틱스(Fanatics)	2011	플로리다	4.5	전자상거래, 스포츠 의류
26	소파이(SoFi)→P48	2011	캘리포니아	4.4	은행, 금융서비스
27	임파서블 푸드(Impossible Foods)→P125	2011	캘리포니아	-	식품
28	듀오링고(Duolingo)→P36	2011	피츠버그	0.7	교육
29	버타헬스(Virta Health)→P101	2014	캘리포니아	0.3	헬스케어
30	프로지니(Progyny)→P74	2008	뉴욕	0.1	헬스케어, 난임치료
31	스킬즈(Skillz)	2012	캘리포니아	0.1	e스포츠, 게임
32	코헤시티(Cohesity)	2013	캘리포니아	1.1	클라우드 컴퓨팅
33	어펌(Affirm)→P33	2012	캘리포니아	3.0	전자상거래, 금융서비스
34	팔란티어(Palantir)	2003	캘리포니아	20.5	데이터마이닝
35	오픈도어(Opendoor)→P60	2013	캘리포니아	3.8	부동산
36	에어테이블(Airtable)	2012	캘리포니아	1.1	데이터베이스 관리
37	레모네이드(Lemonade)→P33	2015	뉴욕	2.0	보험, 금융서비스
38	나이언틱(Niantic)→P40	2010	캘리포니아	4.0	게임
39	집라인 인터내셔널→P178 (Zipline International)	2014	캘리포니아	1.2	드론, 물류, 로봇
40	나우토(Nauto)	2015	캘리포니아	-	자율주행차량
41	리스너(LISNR)	2012	신시내티	0.1	오디오, 모바일 기기
42	사이낵(Synack)→P128	2013	캘리포니아	0.2	보안
43	하우즈(Houzz)→P45	2008	캘리포니아	4.0	DIY, 인테리어 디자인
44	베리타스 제네틱스(Veritas Genetics)	2014	매사추세츠	-	유전자 검사
45	엘레베스트(Ellevest)→P82	2014	뉴욕	0.1	금융서비스
46	23andMe	2006	캘리포니아	2.5	유전자 검사
47	로빈후드(Robinhood)→P96	2013	캘리포니아	5.6	금융서비스
48	어필 사이언스(Apeel Sciences)→P117	2012	캘리포니아	0.4	농업, 농산물
49	업테이크(Uptake)	2014	시카고	2.3	소프트웨어
50	C3.ai	2009	캘리포니아	2.1	클라우드 컴퓨팅

출처 : 2019 CNBC Disruptor 50을 바탕으로 필자 작성

비즈니스 패턴을 알면 세상이 보인다

이 책은 '디스럽터 50'(이하 파괴적 혁신기업 50)에서 소개하고 있는 기업을 예로 들어 비즈니스의 특징과 기본 패턴, 이노베이션 창출법 등을 자세하게 설명하고 있다. 이노베이션에 대해 조금 더 깊이 공부하고 싶은 사람들을 위해서다.

단순히 여러 기업들을 아는 것 이상으로 기본적인 비즈니스 모델과 그 패턴을 알아두면 '왜 그 비즈니스는 성공했을까', '어떤 사고방식과 이론을 바탕으로 비즈니스를 전개하고 있는가' 등의 구조가 눈에 들어올 것이다.

비록 이노베이션이 짧은 한 단어에 불과하지만, 그렇다고 단순히 기발한 아이디어만으로 비즈니스를 하는 건 아니다.

이런 '비즈니스의 급소'를 짚으며 읽다 보면 이노베이션에 대해 한층 더 깊게 알게 되고, 즐길 수 있게 될 것이다.

이 책에서는 또 곳곳에서 다양한 비즈니스 이론과 비즈니스 용어를 설명하고 있다.

예를 들면, 최근 트렌드로 꼽히는 구독(subscription)이나 지속 가능성(sustainability) 같은 것들이다. 혹은 '수직통합', '수평통합' 같은 비즈니스 패턴에 대한 설명도 곁들였고, 나아가 '무소비 개념', '해결과제 이론(JTBD)', '린 스타트업' 등도 다루었다.

이런 용어와 이론에 관한 해설은 이미 알고 있는 독자는 물론 한 번도 들어본 적 없는 독자도 쉽게 이해할 수 있게끔 실제 창업 스토리의 예를 풀어가며 진행했다.

해설 자체가 진지하기보다는 기발한 혁신기업을 소개하는 가운데 자연스럽게 도출되는 식이라서 용어와 이론을 보다 완벽하게 이해하는 데 큰 도움이 되리라 믿는다.

성공과 지옥을 체험한 '롤러코스터 인생'

이즈음에서 잠깐 본인 소개를 하는 게 좋을 것 같다.

나는 현재 기업들의 소셜미디어 활용과 이노베이션 창출을 돕는 루프스 커뮤니케이션(Looops Communications, Inc.)이라는 컨설팅 회사를 경영하면서 오마에 켄이치(大前研一) 씨가 학장으로 있는 비즈니스·브레이크스루 대학(Business Breakthrough University)에서 전임교수로서 이노베이션을 강의하고 있다.

2020년 3월까지는 가쿠슈인대학(学習院大学)에서 4년 동안 특별 객원교수로서 '창업론', '인큐베이션 학교', '창업 경영과 사회자본' 등의 강의를 통해 '실전 창업'과 '최근의 창업 방법' 등을 가르쳐 왔다.

교단에서 학생들에게 전수하고 있는 '실전 창업'은 내 인생 그 자체다.

나는 대학 졸업 후 IBM에 입사했다가 29세에 퇴사해 1991년에 처음 창업을 했다. 거의 의욕만 가지고 벤처 세계에 뛰어들었음에도, 1년 후에는 월 매출이 1억 엔에 달하는 회사로 성장시켰다. 닷컴 버블 시대에는 인텔이나 메릴린치 같은 세계적인 기업들로부터 약

30억 엔의 자금을 조달받아 미상장임에도 기업가치가 100억 엔이 넘을 정도로 회사의 몸집을 키웠다.

개인으로서 3억 엔의 빚을 떠안으며 깨달은 것

하지만 인생도 비즈니스도 늘 달콤하기만 한 것은 아니다.

성공의 이면에 있던 현실은 개미지옥 같은 차입금, 협박 수준의 클레임, 은행의 대출금 회수, 바닥이 드러난 자금 등 앞이 보이지 않는 괴로운 나날의 연속이었다.

마흔에는 내가 창업한 회사에서 쫓겨나 개인 빚만 3억 엔을 떠안았다.

그리고 시중은행에서 소송을 걸어 가족, 부모님과 살던 집도 경매로 넘어갔다.

하지만 나는 이런 계속되는 역경에도 굴하지 않고 새로운 사업에 도전했고, 결국 '사람을 행복하게 하는 이노베이션 창출'이라는 기업가의 사명을 깨달음으로써 경영에 대한 새로운 확신을 얻게 되었다. 30년 가까이 쉬지 않고 창업한 경험 덕분에 다양한 교육의 장에서 '창업'과 '이노베이션'에 대해 이야기할 기회도 얻게 되었다.

올라갔다가 떨어지고, 떨어졌다가 오르기를 반복하는 롤러코스터 같은 인생이었다.

이런 성공과 실패를 직접 체험했기에 '창업 실전'을 말할 수 있었고, 이 책에서 다루는 파괴적 혁신기업의 경우도 그 비즈니스의 본질을 전달할 수 있다고 자부한다.

이 책의 마지막 부분에서는 지속가능한 창업가(serial entrepreneur)로서 다양한 상황을 헤치고 드디어 도달한 '해피 이노베이션'이라는 새로운 창업 유형을 전하고자 했다.

AI기술이 급속히 발전하고 있는 오늘날 필요한 이노베이션은 이익이나 규모, 독점을 노리는 선에서 그쳐서는 안 된다. 바로 '규모에 상관없이 사람들의 행복을 지속적으로 창출하는 이노베이션'을 지향해야 한다.

- 자, 이제 '파괴적 혁신기업'들의 아이디어와 비즈니스 모델을 카탈로그처럼 가볍게 즐겨보자.

- 이노베이션과 창업에 관한 다양한 이론과 사업을 어떻게 만드는지 배우자.

- 스타트업과 투자자의 관계를 통해 시대의 분위기를 느껴보자.

우리는 크나큰 변혁기를 맞았고, 비즈니스를 둘러싼 환경도 나날이 변화하고 있다. 이 책은 그런 '지금'을 체감할 수 있도록 만들어졌다.

최신 동향을 이해하며 즐겁게 독서를 하기 바란다.

사이토 도오루

차례

2장 ― 플랫폼으로 업계의 흐름을 뒤바꾼 기업들

3장 ― 비즈니스 모델로 업계의 흐름을 뒤바꾼 기업들

4장 — 기술로 업계의 흐름을 뒤바꾼 기업들

5장 — 창업의 비결: 작게 시작하고, 영리하게 배워라

6장 — '해피 이노베이션'으로 불안한 시대를 극복한다

1장

이노베이션은
시장을 파괴한다

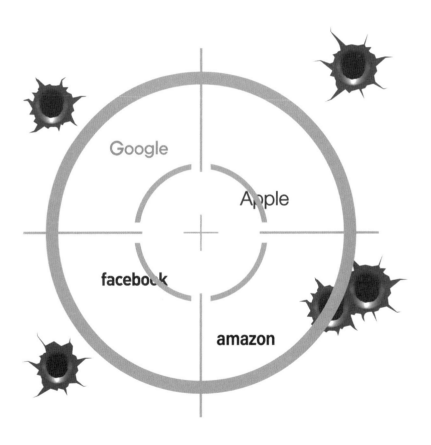

소니의 이노베이션, 유니클로의 이노베이션

다양한 파괴적 혁신기업을 통해 그들의 메시지를 배우기 전에 먼저 이노베이션에 대해 생각해보자.

'이노베이션(Innovation)'이란 무엇인가.

다양한 정의가 있지만 여기서는 간단히 '새로운 기술이나 아이디어로 새로운 가치를 창조하는 것'이라 해두자.

《혁신기업의 딜레마(The Innovator's Dilemma)》의 저자이며 이노베이션 연구 분야의 일인자인 클레이튼 크리스텐슨(Clayton M. Christensen)은 이노베이션에는 두 종류가 있다고 했다.

① 지속적 이노베이션(Sustainning Innovation) : 기존 고객의 만족을 위해 현 제품의 서비스를 개선한다.
② 파괴적 이노베이션(Disruptive Innovation) : 새로운 기술과 아이디어로 현 업계의 구조를 파괴한다.

파괴적 이노베이션은 대부분 기존 고객이 흥미를 갖지 않는 틈새 분야에서 탄생한다. 예를 들면 내가 일본 IBM에서 근무했을 때, IT

시장의 주역은 '메인프레임'이라 불리는 초대형 컴퓨터였다. 그때부터 몇 년마다 새로운 기술이 등장했다. '미니 컴퓨터→업무용 컴퓨터→데스크톱→노트북→스마트폰'으로 업계의 주역이 바뀔 때마다 이용자 수는 그야말로 기하급수적으로 증가해 왔다.

신흥세력의 수익성 낮은 기술이 기존의 대기업 눈에는 장난감처럼 보이겠지만 시간과 함께 입장이 역전되어 신흥세력이 새로운 승자가 된다.

이 책의 주제는 바로 이런 혁신, 즉 '파괴적 이노베이션'이다.

크리스텐슨은 파괴적 이노베이션을 다시 두 종류로 나눴다.

그 이노베이션이 '새로운 시장에, 새로운 가치를 제공하는가'(신시장형), '기존 시장에서 비용 절감을 실현하고 있는가'(로엔드형)를 구분한 것이다. 이 책에서는 이 분류를 단순화해서 이노베이션을 '가치창조'와 '가격파괴'라는 두 가지 관점에서 다뤄보도록 하겠다.

Ⓐ 가치창조 유형(신시장형 파괴적 이노베이션)
Ⓑ 가격파괴 유형(로엔드형 파괴적 이노베이션)

이 관점을 갖는 것만으로 모든 이노베이션은 확실하게 정리된다.

1979년에 1호기가 출시된 소니의 워크맨을 예로 들어보자.

워크맨은 카세트테이프에 녹음된 음악을 가지고 다니면서 들을 수 있는 상품이다. 집 안에서만 음악을 들을 수 있었던 당시 사람들에게 '밖에서, 손쉽게, 걸으면서 음악을 듣는다'는 체험은 그야말로 새로운 가치에 의한 'AHA moment(아하 모멘트, 열광적인 팬을 탄생시키는 놀라움의 순간)'를 제공하는 것이었다.

한편 유니클로는 인기 단골상품을 대량 생산함으로써 '깜짝 놀랄 만한 저가로 옷을 살 수 있다'는 '아하 모멘트(AHA moment)'를 제공하며 가격파괴 유형의 이노베이션을 실현한 기업이다.

우리 주변에서 일어나고 있는 이노베이션, 업계 파괴는 이런 '가치창조'나 '가격파괴' 중 어느 한 요소가 있다. 이것이 하나의 포인트다.

그리고 다른 하나는 어떤 수단으로 이노베이션을 일으키는가 하는 관점이다.

'파괴적 혁신기업 50'에 선정된 기업을 대상으로 최신 스타트업의 경향을 조사해보면 이노베이션 원천의 차이를 다음 세 가지로 분류할 수 있음을 알 수 있다.

① 플랫폼으로 수요와 공급을 연결(플랫폼형)
② 비즈니스 모델로 상식을 뛰어넘는 고객체험을 실현(비즈니스 모델형)
③ 모방하기 어려운 독자적 기술을 강점으로 보유(기술형)

우선 '가치창조 유형'인지 '가격파괴 유형'인지를 생각한 다음 '플랫폼형', '비즈니스 모델형', '기술형'으로 나눈다.

24쪽 표2에서 제시하는 분류에 따라 전 세계의 이노베이션과 파괴적 혁신기업을 살펴보면 최신 스타트업의 트렌드는 무엇인지 대략 이해할 수 있다.

자, 이 분류를 조금 더 자세히 살펴보자.

표2 파괴적 혁신기업의 분류와 예

	가치창조형	가격파괴형
플랫폼형	C2C : 오픈도어(Opendoor, 온라인 부동산 매매 → P60) B2B : 콘보이(Convoy, 트럭 운송 서비스 중개→ P52)	C2C : 소파이(SoFi, P2P금융 → P48)
비즈니스 모델형	새로운 특화 가치 : 펠로톤 (Peloton, 홈피트니스 → P77) 고객체험을 단순화 : 캐스퍼 (Casper, 침대 제조부터 온라인 판매까지 → P91)	비용 무료화 : 듀오링고 (Duolingo, 어학 학습 무상 애플리케이션 → P36) 비용의 구독화 : 렌트 더 런웨이 (Rent the Runway, 디자이너 제품 정기 구독 → P38)
기술형	란자테크(LanzaTech, 미생물 가스 발효 기술 → P113) 포노닉(Phononic, 반도체로 냉각기기 제조 → P121) 사이낵(Synack, 해킹을 유도해 취약성 검사 → P128)	

이노베이션의 키워드는 '직접 연결'

플랫폼형부터 살펴보자. 원래 플랫폼이란 '무언가와 무언가를 연결하는 기반'이라는 뜻이다. 업계 파괴의 관점에서 말하자면 '수요와 공급을 직접 연결하는 비즈니스의 기반'이라 할 수 있을 것이다. '수요와 공급을 연결하는 건 비즈니스의 기본 아니냐는 반문도 많겠지만 여기서 포인트는 '직접'이라는 부분이다. 이 키워드에 최근 이노베이션의 열쇠, 파괴적 혁신기업의 힌트가 숨어 있다.

예를 들어 당신은 채소를 어디서 구매하는가? 농가에서 직접 구매하는 사람은 거의 없을 것이다. 자신이 직접 사지 않는다면 중간에 누군가가 끼어 있다는 뜻이다.

즉, '농가→시장→도매→슈퍼마켓이나 채소 가게'와 같은 경로를 거칠 것이다.

이 흐름에서 '채소를 재배하고 제공하려는 사람'과 '그것을 사려는 사람'을 직접 연결하는 것만으로 새로운 고객 체험을 제공할 수 있게 된다.

예를 들어 포켓 마르쉐(https://poke-m.com)라는 사이트에서는 농가나 어민에게서 채소와 과일, 생선을 직접 살 수 있다. 상품을 자유롭게 고르는 것은 물론 산지나 생산자까지 소비자가 직접 선택할 수 있다. '내가 선택한 생산자에게서 직접 살 수 있다'는 새로운 소비 체험을 만든 것이다.

우버(Uber)는 가격파괴형, 에어비앤비(Airbnb)는 가치창조형

이렇듯 소비자와 생산자를 직접 연결하는 플랫폼은 새로운 가치 창조뿐 아니라 도매상 같은 '중간업자'를 생략함으로써 대담하게 낮은 가격의 실현(가격파괴)도 가능하다.

최근 화제가 되고 있는 '우버(Uber)'나 '에어엔비(Airbnb)'도 이런 '수요와 공급을 직접 연결'하는 플랫폼을 만드는 데 성공한 좋은 예이다.

'빨리, 싸게, 안전하게 이동하고 싶은 사람'과 '차량이 있고, 비어 있는 시간에 돈을 벌고 싶은 사람'을 직접 연결하는 플랫폼. 이것이 '우버'이다.

'우버'의 경우, '택시 대기 줄을 서지 않아서 좋다', '스마트폰으로 근처에 있는 차를 부를 수 있다', '운전자를 평가한다' 등 새로운 체험을 제공함에도 '차를 타고 이동'하는 것 자체는 기존 교통수단과 별다르지 않다. 따라서 '가격파괴'에 역점을 둔 플랫폼이라는 점이 단연 돋보인다.

'에어비앤비'는 '자신의 집(방)을 숙박 시설로 제공'한다는 점에서 '우버'와 비슷한 플랫폼이라 할 수 있다. 가격파괴적 요소를 떠나 이용자와 여행자에게 '아주 다양하고 특별한 숙박 장소'를 선택할 수 있게 해서 새로운 숙박 체험을 제공하고 있는 점이 큰 특징이라 생각한다.

원래 호텔이나 숙박 시설은 교통이 편리한 곳에 있게 마련이다.

하지만 개인 주택을 빌리게 되면 숙박지로 다양한 장소를 선택할 수 있다. 산속이든 주택 밀집 지역이든 그 집을 빌리는 사람이 있는 한 숙박이 가능하다.

크기도 빌리는 사람 마음이라 집 한 채를 통째로 빌리는 경우도 있고, 방 하나를 공동으로 빌릴 수도 있다. 침실, 샤워실, 주방, 거실, 옷장 등 역시 일반 호텔과는 전혀 다른 설비와 디자인을 즐길 수 있다. 새로운 숙박 체험을 제공하는 플랫폼. 이것이 '에어비앤비'이다.

이 두 서비스 외에도 플랫폼형으로 성공한 혁신 기업은 많다. 이들 사업을 놓고 '가치를 창조하는가, 가격을 파괴하는가'를 이용자의 관점에서 깊이 생각하는 것은 이노베이션을 시작할 때 중요한 포인트가 된다.

2장에서는 이런 플랫폼형 중에서 특히 독보적인 혁신 기업을 소개하겠다.

플랫폼형 비즈니스의 어려움

플랫폼형 비즈니스는 만능인 것처럼 보이지만 사실은 상당히 성가시고 어려운 사업일 수 있다. 바로 수요 측과 공급 측의 균형을 맞춰야하는 점 때문이다.

아무것도 없는 상태에서 이 비즈니스를 시작한 경우, 수요와 공급 양쪽의 적정 규모가 필요하다. 수요는 공급이 없으면 모이지 않고 공급은 수요가 없으면 모이지 않기 때문에 균형을 잡으면서 성장시키기가 여간 어려운 게 아니다.

이것은 플랫폼형 비즈니스에서 흔히 거론되는 '닭과 달걀의 문제'라 불리는 난제이다.

'우버'를 사용하고 싶은 사람이 많아도 정작 이용할 차량이 부족하면 바로 인터넷에 악평이 쏟아진다. 또한 '우버'를 이용하고 싶은 사람이 없으면 차량을 제공하는 사람은 참여하는 의미가 없어 다른 서비스로 눈을 돌리게 된다.

스마트폰의 폭발적인 보급으로 이용자는 애플리케이션에 대해 대단히 깐깐해졌다.

이용자가 새로운 애플리케이션을 다운받는 데 들이는 비용은 날로 증가하고 있다. 가령 이용자가 애플리케이션을 다운로드하도록 만들어도 감탄을 자아내는 '아하 모멘트'가 없다면 바로 삭제 당한다. 한 번 사용해보고 그 결과에 대한 인상이 좋지 않다면 두 번 다시 사용할 일은 없다. 반년 후에 친구가 '그 애플리케이션 꽤 괜찮아'라고 말해도 '아냐, 그건 뭔가 부족했어', '나하고는 안 맞았어'라는 말로 외면하고 만다.

당신의 스마트폰 바탕화면에 상주하고 있는 애플리케이션은 이런 수많은 장애물을 넘은 '우등생'이라 해도 좋을 것이다.

인스타그램×아마존이라는 발상

이런 사정을 따져 '수요'나 '공급' 중 이미 어느 한쪽 이용자를 보유하고 있는 상태에서 다른 쪽을 조합하는 방식의 비즈니스가 나타나고 있다.

중국의 '샤오홍슈(小紅書, RED)'라는 통신판매 사이트를 예로 들어보자.

쉽게 설명하면 '인스타그램'과 '아마존'을 결합한 듯한 사이트이다. 젊은 여성층을 중심으로 대단한 인기를 누리고 있으며 '파괴적 혁신기업 50'에도 선정되었다. 2019년 기준 이용자수는 2억5천만 명이 넘었고 월간 액티브 이용자는 8,500만 명이 넘는다.

인스타그램처럼 SNS상에서 교류를 하다가 누군가가 소개하거나 추천한 패션 아이템이나 화장품 등을 그 자리에서 살 수 있다. 단순하지만 '판매 사이트에서 고객을 모집'하는 기존의 발상이 아니라 중국인 대상의 해외 쇼핑 정보를 올리는 SNS를 기반으로 거기에 '전자상거래(EC, electronic commerce) 기능을 얹는' 아이디어로 만들어진 플랫폼이다. 자연스럽게 '사고 싶다', '갖고 싶다'와 같은 욕구가 자극되는 SNS를 '수요 측'으로 확립한 다음, 아마존이나 라쿠텐 같은 '공급 측'을 추가한 모델로 '한쪽이 존재하는 상태'에 '다른 쪽을 얹은' 패턴이다.

사업의 규모나 장르에 따라 다르기도 하지만 '한쪽이 있고, 거기에 다른 쪽을 얹는' 방식은 플랫폼형이라도 비교적 시작도 쉽고 성공 확률도 높은 접근법이라 할 수 있다.

물론 과제도 있다.

예를 들면 SNS 같은 공간에서 홍보와 광고의 메시지가 느껴지면 이용자가 이탈하는 리스크가 있다는 점이다.

이런 현상을 '사회 규범의 축출 효과'라 한다. 사회 규범(양심과 도덕)에 따라 운영되는 커뮤니티에 시장 규범(득실 계산)을 도입하면 사회 규범이 쫓겨나고 사람들은 금전적인 가치 기준에 따라 행동하게 되고 만다는 것이다.

'샤오훙슈'의 경우에는 원래 시작이 쇼핑 구매 체험이나 상품 리뷰에 특화된 SNS였기 때문에 이용자들은 전자상거래 기능이 추가되는 것을 위화감 없이 수용했다. 기업에 대한 이용자의 감성은 나날이 예민해지므로 사업화를 할 때는 이용자의 심리나 브랜딩에 충분히 신경을 써야 한다.

이런 난제들을 무리 없이 해결해야 하는 전제는 있지만, '한쪽'을 보유한 사업가가 '다른 한쪽'을 추가함으로써 플랫폼을 만드는 것은 재미있는 아이디어이고, 검토해볼 만한 가치가 있는 비즈니스 전략이라 할 수 있다.

플랫폼은 이용자 수 자체가 서비스의 가치를 결정하는 네트워크 효과가 큰 서비스이다. 여기에 '닭과 달걀 문제'가 얽힘으로써 일단 수요를 점유하기 시작하면 독주가 가능한 게 일반적이다.

시작이 어려운 만큼 성공하면 그야말로 업계를 파괴할 정도의 영향력을 갖는 강렬한 이노베이션이라 할 수 있을 것이다.

4개의 관점에서 본 비즈니스 모델

이어서 '비즈니스 모델'을 살펴보자. 비즈니스 모델이라는 말은 의미가 광범위한데 여기서는 비즈니스 모델을 바꿈으로써 '새로운 고객 체험을 창출하는 패턴'으로 대강 이해해주기 바란다.

단, 비즈니스 모델을 바꾼다는 게 말은 쉬워도 어느 부분을, 어떻게 바꾸는지 포착하기는 어렵다. 그래서 지난 몇 년 동안의 혁신 기업들의 경향을 조사해 보니, 다음과 같은 4가지 패턴으로 집약된다는 사실을 알 수 있었다(표3).

① 고객의 특화
② 고객 체험의 단순화
③ 비용의 무료화
④ 비용의 구독화

표3 새로운 고객 체험의 원천이 되는 비즈니스 모델

1. 고객의 특화 ~ 한정된 고객에 특화해 새로운 고객 가치를 재(再)디자인

① 특화(엘레베스트[Ellevest]) … 고객층을 한정해 상품 서비스의 질을 향상시킨다.
② 롱테일(아마존[Amazon]) … 틈새 고객에게 다품종의 상품을 제공한다.
③ 온라인(미네르바 대학) … 젊은 층을 주 대상으로 인터넷 서비스를 제공한다.
④ 커뮤니티(위워크[WeWork]) … 커뮤니티를 형성해 새로운 부가가치를 만든다.

2. 고객 체험의 단순화 ~ 복잡해지는 고객 체험을 단순하게 재(再)디자인

① 노프릴(No Frills, 이케아[IKEA]) … 잉여 단계나 서비스를 생략해 단순화한다.
② 언번들(Unbundle, 페이팔[PayPal]) … 밸류체인(value chain)에서 각 기능을 분리한다.

3. 비용의 무료화 ~ 무료화를 기본으로 고객 비용을 재(再)디자인

① 프리미엄(드롭박스[Dropbox]) … 무료와 프리미엄 서비스를 조합한다.
② 광고(유튜브[YouTube]) … 광고 스폰서를 섭외해 가격을 인하한다.
③ 데이터판매(로빈후드[Robinhood]) … 서비스 내에서 수집한 데이터를 판매한다.
④ 상호부조(미래식당) … 서비스의 대가로 노동력이나 물품을 제공받는다.

4. 비용의 구독화 ~ 구매에서 월정액 지불 이용으로 고객 비용을 재(再)디자인

① 구독(스포티파이[Spotify]) … 월정액 방식으로 제품의 사용 권리를 제공한다.

먼저 고객의 특화를 살펴보자.

이것은 말 그대로 '고객을 한정한다'는 뜻이다. 고객의 니즈, 고객의 직업, 지역, 연령, 성별, 수입 수준, 생활 유형 등 다양한 요소를 바탕으로 고객을 선정하고, 그 고객에 특화된 서비스를 제공하는 비즈니스 모델이다.

여러분은 '커브스(curves)'라는 여성 전용 피트니스 클럽을 들어본 적이 있는지 모르겠다. 회원은 여성에 한정되고 직원들도 모두 여성이다.

이용자의 연령을 제한하는 건 아니지만 내역을 보면 가장 많은 층이 60대로 40%, 70대 이상은 23%, 50대는 24%이다. 즉 전체 이용자의 약 85%가 50대 이상의 여성이다.

'커브스'는 이런 연령 구성을 홈페이지에 적극 홍보해 '나이가 많은 여성에게 알맞은 피트니스 클럽'이라는 고객 특화를 꾀하고 있다. 고객을 한정함으로써 그 계층의 구매력을 높이는 데 성공한 패턴인 것이다.

예를 들어 '커브스'는 '1회 운동은 30분'으로 정해 놓고, 고객이 예약 없이 편하게 방문해 가볍게 몸을 풀 수 있게 해서 호평을 받고 있기도 하다. 이는 다음 항목에서 다룰 '단순화'와도 일맥상통하는 부분이다.

이렇게 고객을 특화함으로써 '그 고객에게 딱 맞는 상품과 서비스를 설계하고 제공한다'는 발상은 비즈니스 모델을 구축하는 데 있어 중요한 관점의 하나이다.

귀찮음은 비즈니스의 기회

이어서 '고객 체험의 단순화'에 대해 생각해보자.

바로 복잡한 것을 단순하게 제공하고 고객 체험의 단순화를 추구하는 비즈니스 모델이다.

예를 들면 소규모 기업의 경영자 입장에서 자금 조달 절차는 상당히 귀찮다.

융자를 신청하면 기업의 신용을 확인하는 신용 조사가 반드시 뒤따른다. 매출부터 보유하고 있는 부동산에 이르기까지 많은 서류를 제출해야 해서 경영자에게는 상당한 부담이 된다. 특히 벤처 기업은 은행 등이 요구하는 실적을 충족하지 못하는 경우가 많고, 융자를 받기까지 장벽이 높은 게 현실이다. 금융기관은 실적주의이기 때문에 인터넷상에서 고속으로 거래가 이루어지는 요즘의 비즈니스 속도와 전혀 맞지 않는다.

이런 수고를 없애고 고객의 불편을 덜어주는 게 '단순화'이다.

'파괴적 혁신기업 50'에도 선정된 '캐비지(Kabbage)'라는 기업은 인터넷상의 고객 기업 데이터(예를 들면 아마존의 판매 데이터, '페이팔' 등의 결제 데이터, 클라우드 회계 서비스의 재무 데이터, 여기에 페이스북이나 트위터 등 SNS의 데이터)를 AI가 자동으로 분석해 그 기업의 신용을 판단하는 서비스를 제공하고 있다.

이로써 경영자는 번거로운 서면 절차를 줄일 수 있을 뿐 아니라 일반 금융기관에서는 한 달 가까이 걸리는 여신 검토를 무려 평균 7분으로 단축시키게 되었다.

'단순화'는 변화에 둔감한 기존의 업계나 업태를 잇따라 파괴하고 있다.

예를 들면 '어펌(Affirm)'이라는 회사는 개인의 여신 조사를, '레모네이드(Lemonade)'라는 회사는 화재보험의 번거로운 절차를, '플렉스포트(Flexport)'라는 회사는 국제운송의 복잡한 절차를 간단하게 하는 서비스를 각각 제공해 '파괴적 혁신기업 50'에 선정되었다.

우리가 일상생활이나 업무에서 느끼는 '번거로움', '복잡함'을 간단하게 처리한다는 것은 그 자체만으로 커다란 비즈니스 기회가 될 수 있다.

무료 서비스는 무료가 아니다!

이번에는 '비용의 무료화'를 살펴보자. '프리미엄(Freemium)'이나 '상식을 뛰어넘는 파격가(破格價)'도 함께 다루어보겠다.

원래 '프리(free)'란 무료를 뜻한다. 상품이나 서비스를 무료로 받을 수 있게 하는 모델이다.

프리미엄이란 기본적인 상품이나 서비스는 무료로 제공하지만 추가적인 고급 상품이나 서비스는 유료가 되는 모델이다. 처음에는 '프리'이고 여기에 '프리미엄'이 붙으며 유료 서비스가 되어간다. 이런 '프리+프리미엄'이 '프리미엄'이다.

자, '무료', '프리미엄', '파격가'에서 중요한 것은 '어디에서 이익을 얻는가'이다. 이용자 입장에서는 무료라서 기쁘고 고맙겠지만, 기업의 입장에서는 반드시 어딘가에서 수익을 내야한다.

일본의 지상파 텔레비전 프로그램은 NHK를 제외하고는 무료이다. 이 역시 '무료화'의 비즈니스 모델인데, 방송국이 자원봉사로 콘텐츠를 제작하고 방송하는 건 아니다. 기업을 비롯한 스폰서들이 돈을 내고, 스폰서의 광고료가 방송국으로 들어오는 것이다.

이런 시스템은 인터넷상에서도 흔한 패턴이다. 유튜브로 영상을 보거나 음악을 듣는 것도 기본은 무료인데 그것은 광고주가 돈을 지불하고 있기 때문이다.

이런 광고 수입으로 '무료화'를 실현하는 것도 하나의 비즈니스 모델이다.

하지만 '파괴적 혁신기업 50'에는 더욱 참신하고 독특한 방법으로 '무료화'를 실현하고 있는 기업이 여럿 등장한다.

'트랜스퍼와이즈(TransferWise)'라는 기업은 해외송금 수수료를 파격적으로 낮춘 서비스를 제공한다.

가령 미국 유학 중인 딸에게 송금할 경우, 상당한 금액의 송금 수수료가 발생한다. 예를 들어 10만 엔을 송금할 때, 딸이 받는 금액은 시중은행이나 '페이팔(PayPal)'을 통하면 약 9만 3,000엔, 인터넷으로는 약 9만 7,000엔이다. 그런데 '트랜스퍼와이즈'로 보내면 약 9만 9,000엔 정도(2020년 3월 시점)이다. 수수료 차이가 6배나 되니 자식에게 조금이라도 더 많은 돈을 쥐여주고 싶은 이용자는 대단히 반길 것이다.

여기서 반드시 생각해봐야 하는 것은 '어떻게 이런 일이 가능한가?', '어디에서 수익을 내고 있는가?'이다. 여기에 비즈니스의 아이디어가 있다.

'트랜스퍼와이즈'의 경우는 어떨까?

내막을 밝히면, 이 회사는 실제로 해외에 송금을 하지 않는다.

아이디어는 단순하다. 일본에서 미국으로 돈을 보내고 싶은 사람이 있으면 미국에서 일본으로 돈을 보내고 싶은 사람도 있다. 쌍방을 잘만 조절하면 실제로는 국경을 넘어 송금하지 않아도 데이터상의 거래만으로 송금하고 싶은 상대에게 돈을 전달할 수 있다. 이를 시스템화한 것이다.

즉, 이용자는 의식하지 못하지만 사실 이 서비스는 일본에서 미국으로 송금하고 싶은 사람과 미국에서 일본으로 송금하고 싶은 사람을 연결하는 플랫폼의 성격을 지니고 있다. 따라서 이용자가 증가할수록 가치가 높아지는 '네트워크 효과'에 의해 독주 상태가 되는, 알고 보면 아주 잘 설계된 서비스인 것이다.

'듀오링고(Duolingo)'라는 1기업은 어학학습 애플리케이션을 무료로 제공하는데 이것도 상당히 독특한 비즈니스 모델이다. 우선 기업 등으로부터 다른 언어로 번역하고 싶은 데이터를 받는다. 그리고 이것을 유료로 번역해주는데, 포인트는 자기들이 번역하지 않는다는 점이다.

기업에서 의뢰받은 번역 데이터를 테스트 이용자(즉, 애플리케이션 이용자들)에게 '교재'로 제공해 번역하도록 한다. 물론 몇 명은 번역 수준, 번역의 정확성을 확신할 수 없지만 이용자가 수백, 수천, 수만 명이 되면 번역의 정확성은 상당히 높아질 수밖에 없다.

이 서비스도 이용자는 의식하지 못하지만 '번역을 의뢰하고 싶은 사람'(유료)과 '어학 공부를 하고 싶은 사람(번역하고 싶은 사람)'(무료)을 연결한 플랫폼이라 할 수 있다.

현재 이 번역 서비스는 광고 모델이나 프리미엄 모델(프리미엄 이용자는 유료)을 추가해 수입원을 다양화하면서 수익성을 더욱 향상시키고 있다.

세상에는 무료, 프리미엄 서비스가 많은데 이런 비즈니스 모델을 만났을 때 '어디서 수익이 나는가'를 면밀히 따지거나 조사하는 것은 대단히 중요하다. 거기에 커다란 이노베이션의 힌트가 숨어 있다.

'소유에서 공유로' 구독(subscription)의 시대

비즈니스 모델의 마지막 카테고리는 '비용의 구독화'이다.

최근 구독 모델이 폭발적인 증가 추세에 있다. 구독은 정액 요금을 지불하면 일정 기간 해당 서비스를 마음껏 이용하거나 계속 할인받을 수 있는 비즈니스 모델이다.

아마존의 프라임 회원이 되면 배송료가 무료가 되고 '날짜 지정', '빠른 배송'과 같은 배달 옵션을 무료로 이용할 수 있다. 또한 동영상이나 음악도 즐길 수 있다. 이런 구독 모델을 이용하는 사람도 많지 않을까.

음원 스트리밍 서비스인 '스포티파이(Spotify)'는 월정액 9.99달러로 약 4천만 곡을 마음껏 들을 수 있다. 동시에 영화, 애니메이션, 드라마, 버라이어티 프로그램 같은 영상 콘텐츠를 무제한 시청하거나 음식점에서 할인을 받는 등 정액 요금을 지불하면 다양한 서비스를 받을 수 있는 구독 모델이 꾸준히 등장하고 있다.

최근 몇 년 동안 차량 이용도 소유보다는 공유의 개념 쪽으로 흘러 일본의 중고차 판매업체인 '걸리버'가 운영하는 '노렐(NOREL)', 도요타 자동차의 '킨토(KINTO)' 등 여러 구독 모델이 부상하고 있다. 자동차를 소유하지는 않지만 일정 금액을 지불함으로써 사용하고 싶을 때 원하는 만큼 사용할 수 있는 비즈니스가 서서히 확산되고 있는 것이다.

'파괴적 혁신기업 50' 중에서도 '렌트 더 런웨이(Rent the Runway)'라는 의류 구독 모델이 등장했다.

어패럴 분야의 구독 서비스가 여럿 있지만 '렌트 더 런웨이'는 평상복보다는 파티에 입고 갈 법한 옷을 중점적으로 다룬다는 것이 포인트다. 결혼식이나 피로연 같은 곳에 입고 갈 것 같은 옷 말이다. 옷뿐 아니라 액세서리나 가방 같은 소품도 갖추고 있다.

실제로 구입하면 수천 달러가 필요한 옷도 140달러 정도의 월정액을 지불하면 그날의 기분에 맞추어 다양하게 선택할 수 있는 비즈니스 모델이다.

다소 비싸다는 느낌도 들 수 있겠지만, 그곳은 파티라는 문화 자체가 침투해 있는 미국 사회다. 이 회사는 급성장해 '2019년도 파괴적 혁신기업 50'에서 5위에 올랐다.

'렌트 더 런웨이'와 같은 비즈니스의 관건은 어떻게 인기 브랜드의 옷이나 인기 디자이너의 상품을 모을 수 있느냐이다. 브랜드 의류제조사에서는 당연히 대여가 아닌 구입을 원할 테니 이런 기업이 상품을 싸게 제공한다면 탐탁하지 않게 여길 게 분명하다.

'렌트 더 런웨이'는 '브랜드 의류에 수천 달러를 쓰기를 주저하는 젊은 층에 그 브랜드의 가치를 알리는 기회를 제공하고 있다'는 논리로 설득해 제조사들과 원만한 관계를 유지하고 있는 것으로 알려져 있다.

고급 브랜드의 제품까지 대여나 구독의 대상이 되는 시대이다. '소유에서 공유로'라는 흐름으로 받아들일 수 있고, '고가 제품을 구매하기 전 시험해본다'라는 식의 이용 패턴 변화라고 할 수 있을지도 모르겠다.

다만, 구독이라는 모델 자체는 이제 낯설지 않다. 앞으로는 '무엇을 어떻게 구독화할 것인가'가 연구 대상이 될 것이다. 한층 유연한 아이디어가 필요한 것은 물론, 이 업계의 플레이어들이 구독 모델에 참여하게 설득하는 협상력도 하나의 포인트가 될 것이다.

하나의 기술이 세상을 바꾼다

지금까지 이노베이션으로서 '플랫폼형'과 '비즈니스 모델형'을 살펴보았다. 마지막으로 '기술형'을 알아보자.

기술형은 이노베이션의 아성이라고도 불린다. 경쟁사가 흉내 낼 수 없는 기술로 사업을 혁신하는 것이다. 그 자체만으로 업계를 파괴하는 파급력을 가지며 비즈니스의 우위성을 발휘해 가는 상당히 이해하기 쉬운 이노베이션이다.

예를 하나 들어보자. '포켓몬GO'에서 화제가 됐던 AR(증강현실)도 새로운 기술이다. 현실 세계에 가상의 이미지를 겹쳐서 보여주는 기술로 게임뿐 아니라 비즈니스에도 응용되기 시작했다.

이케아(IKEA)는 AR을 사용해 가구를 실제로 구매하기 전에 방에 배치해보는 서비스를 시작했다. 가구를 살 때는 집이나 방의 크기를 측정해 거기에 맞는 제품을 구입하는 게 당연한 절차였다. 하지만 이 시스템을 이용하면 사고 싶은 가구를 실제로 방에 가상으로 투영할 수 있기 때문에 사이즈는 물론 디자인이나 컬러 등이 어울리는지 생생하게 확인할 수 있다.

이 AR 기술을 강점으로 삼아 '파괴적 혁신기업 50'에 선정된 스타트업으로 '나이언틱(Niantic)'이 있다. 창업자는 2001년에 '키홀(Keyhole)'이라는 지리 소프트웨어를 개발한 존 행키(John Hanke)로, 이 회사는 훗날 구글에 인수합병되어 '구글 어스'로 꽃을 피웠다. 인수합병 후에는 구글의 사내 스타트업으로 '지도와 게임을 결합해 세상을 더욱 흥미롭고 매력적인 곳으로 만들자'라는 모토를 내걸고 AR 플랫폼을 개발했다. 2015년에는 닌텐도와 후지텔레비전의 출자로 구글에서 독립했다.

'포켓몬GO'는 이 플랫폼에서 구동되는 가장 유명한 애플리케이션이다.

이노베이션의 아버지라 불리는 경제학자 슘페터는 '이노베이션은 새로운 조합이다'라는 명언을 남긴 바 있다. '포켓몬GO'의 기술은 말 그대로 AR이라는 기술과 '3D 세계지도'라는 막대한 데이터의 조합이다. 이 긴밀한 결합을 통해 타의 추종을 불허하는 이노베이션이 된 것이다. '파괴적 혁신기업 50' 순위에도 이런 획기적인 기술의 진화로 업계를 파괴해 가는 기업이 많이 등장했다.

4장에서는 이런 기업들을 소개하고자 한다.

최근의 기술 트렌드를 보면, AI(특히 기계학습, 딥러닝)가 가장 많고 그 뒤를 바이오 기술이 잇는다. 그리고 로봇, IoT(사물기술, Internet of Things : 온갖 것들이 인터넷으로 연결되는 시스템), 보안도 주류를 이루고 있다. ICT(Information and Communication Technology : 정보통신기술) 계열

이 역시 압도적이기는 하지만 2019년은 파괴적 혁신기업 50개사 가운데 바이오 기술 스타트업이 7개사 증가했다. 바이오 기술은 아주 다양한데, 농업의 효율을 높이거나 미생물의 힘을 이용해 쓰레기에서 자원을 만들어내는 농업 및 환경 관련 회사들이 눈에 띄고 있다. 그 배경에는 지속 가능한 세상을 위한 환경 보호가 비즈니스의 필수조건이 된 영향도 있을 것이다. 플라스틱으로 인한 환경 파괴, 야생동물 희생 등이 사회문제가 되자 스타벅스나 스카이락 그룹은 2020년까지, 맥도널드는 2025년까지 플라스틱 빨대를 추방하겠다고 발표한 바 있다.

이런 사회문제나 환경문제는 그야말로 전 세계가 안고 있는 과제라서 혁신적인 관련 기술이 탄생한다면 업계를 파괴하는 데 그치지 않고 사람들의 라이프스타일, 세상의 모습까지 새롭게 바꿀 가능성이 있다고도 할 것이다. '파괴적 혁신기업 50'에서도 '기술형' 이노베이션의 상당수가 환경문제를 겨냥한 기업들에서 나왔다.

현재 최신 기술이 어떻게 비즈니스에 편입되어 세상을 더욱 좋게 만들어가고 있는가. 이런 점도 의식하면서 4장을 읽어준다면 기쁘겠다.

2장

플랫폼으로
업계의 흐름을 뒤바꾼 기업들

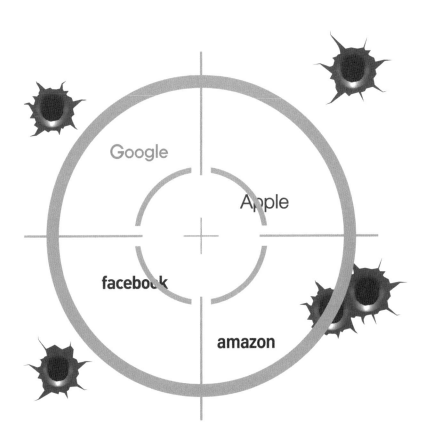

하우즈
Houzz

본사 : 팰로앨토(캘리포니아)

창업년도 : 2008년

서비스 : 주택 리모델링, 플랫폼

사업 아이디어 : 집을 짓거나 리모델링하고 싶은 사람과 주택 전문가를 연결

이 회사는 집을 리모델링하고 싶은 사람을 주택 전문가, 예를 들면 인테리어 업자나 목수, 디자이너 등과 직접 연결하는 사업을 한다.

'하우즈' 사이트에는 전문가들이 투고한 무려 600만 점 이상의 '리모델링 사진'이 깔려 있다.

리모델링을 생각하는 사람은 자신의 이미지에 맞는 '리모델링 사진'을 찾아 그 업자나 디자이너에게 직접 일을 의뢰할 수 있다.

우리가 집을 새로 짓거나 리모델링을 하려면 기본적으로 주택 건설사나 시공 전문회사의 중개를 거쳐 인테리어 전문가와 목공, 디자이너, 건축가 등과 접촉하게 된다. 때문에 단독주택이나 연립주택의 모델하우스처럼 '완성된 이미지'나 '패키지로 꾸며진 공간'을 제안 받고 그중에서 선택하곤 했다.

하지만 '꼭 갖고 싶은 현관', '나를 표현할 수 있는 주방', '나의 취향이 넘쳐나는 서재' 등 개성을 살리고 싶지만 어떻게 그런 이상적인 공간을 실현할 수 있는지 알지 못하는 사람들이 의외로 많다. 누군가의 인스타그램을 보고 '이런 방에 살고 싶다'는 생각에 그 사람에게 글을 남겨 시공업자를 물어보는 것 역시 현실적이지 않다.

'하우즈'는 이런 현실을 비즈니스로 옮긴 기업이다.

창업자 아디 타타코(Adi Tatarko) 본인도 2006년 캘리포니아 팰로앨토에 낡은 주택을 구입했다. 그리고 그 주택을 리모델링하는 과정에서 주택 설계와 디자인에 관한 정보를 얻으면서 고생했던 경험을 토대로 이 비즈니스 모델을 착안했다고 한다.

성공의 포인트는 작게 시작하는 데 있다

이 책에서 소개하는 대부분의 혁신기업들과 마찬가지로 '하우즈' 역시 '작게 시작'했다는 게 아주 중요한 포인트이다.

창업 당시 참여한 사람은 타타코 씨 부부와 자녀 학교의 학부형 몇십 명이 전부였다. 리모델링 전문가도 몇 명 없었다고 한다. 물론 규모도 빈약하고 지역도 한정된 '개인 사이트' 같은 곳에서 시작했다.

이렇게 작게 시작하는 접근법이야말로 요즘 스타트업의 대원칙이다.

비즈니스를 시작한다고 하면, 장대한 계획과 완벽한 준비를 한 다음 시작할 거라고 생각하는 사람이 아직 많을지 모른다. 하지만 오히려 중요한 것은 작게, 빠르게, 저렴하게 시작하고 끊임없이 배우는 것이다. 그런 다음 사업이 확대 단계로 들어서면 에인절 투자자나 벤처 캐피털 등에서 자금을 조달해 확대의 가속 페달을 밟으면 된다.

이런 의미에서 자신이 거주하는 한정된 지역에서 자그마하게 시작했다는 것은 '하우즈'의 성공 요인 중 하나일 것이다.

'하우즈'는 처음부터 수익을 목표로 한 게 아니다. 우선 커뮤니티를 확대해 정보 유통량이 충분해지자 광고의 요소들을 새로 추가해나가는 단계를 밟았다.

앞서 말했듯이 플랫폼형을 실천하려면 '리모델링을 하고 싶은 사람'(수요 측)과 '시공전문가(공급 측)'의 균형을 잡는 게 상당히 어려운 일이다.

'하우즈'는 먼저 '리모델링 사진을 투고'하는 커뮤니티를 만들고 거기에 관련 기업들의 광고를 얹어가면서 수요자와 공급자를 맞추는 방식을 취했다. 이것도 성공 요인 중 하나일 것이다.

참고로 '하우즈'는 아시아 사무소 1호를 일본에 개설했고, 마찬가지로 커뮤니티를 시작으로 서서히 비즈니스로 만들어갈 계획이라고 한다. 이 리모델링 플랫폼이 어떻게 발전해 나갈지 주목해보자.

소파이
SoFi

본사 : 샌프란시스코

창업년도 : 2011년

서비스 : P2P금융 기반 학생 대출

사업 아이디어 : 선배가 후배에게 돈을 빌려주는 시스템을 구축

'소파이'를 이해하려면 우선 'P2P금융'에 대해 알아야 한다. 단순하게 말하면 개인이 개인에게 돈을 빌려주는 것이 P2P금융이다.

원래 A가 맡긴 돈을 B에게 빌려주는 것이 은행의 역할이다. 그 예대마진(대출이자에서 예금이자를 뺀 나머지 부분)을 은행이 가져가는데, 은행이 가져가는 몫이 크기 때문에 빌리는 쪽은 높은 이자를 내고 맡기는 쪽은 그만큼 많은 이자를 받지 못하는 게 현실이다.

이런 중개 부분을 대폭 생략하고 직접(혹은 직접에 가까운) 플랫폼을 만들어 쌍방에 이득이 있는 '개인 간 대출'을 실현한 것이 P2P금융이다. 나라마다 다양한 규제가 있어 확산하기 어려운 영역이지만 미국에서는 이미 널리 보급된 서비스 형태이다.

P2P금융 중에서도 '소파이'는 대학생의 학자금 대출에 주목했다

는 점이 특별하다. 그리고 선배가 후배에게 대출을 해준다는 독자적인 스토리를 더한 점도 눈에 띈다.

'소파이'가 '대출받을 사람'으로 주목한 것은 'HENRYs'(High Earners, Not Rich Yet)다. 지금은 아직 돈이 없지만 앞으로 수입이 있을 것으로 예상되는 고학력의 학생들이다. 타깃을 완전히 명문대 학생들로 좁힌 것이다.

무척 독특하면서도 현실적인 아이디어가 아닌가. 국가나 지자체는 학자금 대출 시스템을 만들고 싶어도 형평성 논란 때문에 명문대 학생으로 한정할 수는 없다.

하지만 현실 사회에서 명문대에 다니는 학생은 높은 급여를 주는 직장에 취업할 가능성이 높고, 따라서 문제없이 상환할 가능성도 높을 것으로 예상할 수 있다.

금융의 원칙에 따라 보자면 '위험도가 낮은 상대', '문제없이 상환할 것으로 기대되는 상대'에는 금리가 낮게 설정되어야 한다. 문제는 이런 금리 체계가 학생에게는 적용되지 않는 탓에 명문대 학생일지라도 일반적인 고금리를 지불해야 한다는 현실이다.

'소파이'는 여기에 주목한 것이다.

'소파이'를 창업한 것은 스탠퍼드 경영대학원 학생들이다. 그중 하나인 마이크 캐그니(Mike Cagney)는 "우리가 스탠퍼드에 다닐 때, 스탠퍼드 대학원을 졸업한 사람이 대출을 35년 동안 이용해도 누구하나 채무를 불이행하는 사람이 없다는 걸 알고 놀랐다. 그럼에도 불구하고 6.8~7.9%라는 높은 이율의 학자금 대출을 받고 있었다. 낮은 위험도에 맞지 않게 이율이 높다고 생각했다"고 말한다.

이러한 불합리를 '명문대학생 한정'이라는 학자금 대출을 만듦으로써 해소한 것이 '소파이'의 비즈니스 모델이다.

'모교의 후배를 지원한다'는 스토리에 공감

동문 선배가 후배에게 돈을 빌려준다는 것도 '소파이'의 뛰어난 아이디어 중 하나이다.

단순한 금융 거래에 마음을 움직이는 스토리를 얹은 것이다.

일본보다 애교심이 높고 기부 문화가 정착된 미국에서는 자신이 졸업한 대학에 보답하고 기부를 하는 것이 자연스러운 행위이다. 게다가 명문대 출신들이라서 졸업생의 수입도 좋을 것이고 대출에 적극 협조하려는 사람도 많을 것이다.

'모교 후배들의 교육에 경제적 지원을 한다'라는 '소파이'의 슬로건은 바로 그런 분위기에서 비즈니스 모델로 진화했다. 이런 멋진 스토리가 주효해 '소파이'는 비교적 낮은 금리로 자금을 모으는 데 성공했고 비즈니스를 날로 발전시켜 나갔다.

'소파이'는 창업 초기 스탠퍼드 대학의 졸업생 40명으로부터 200만 달러를 모아 100명의 대학원생에게 대출을 해주었다. 그런 다음 이 모델을 그대로 하버드 대학, 매사추세츠 공과대학, 노스웨스턴 대학, 펜실베이니아 대학 등으로 전개해 나갔고, 이후 사업 대상을 수십 개교로 확대했다.

채무불이행 위험도가 낮은 학생들에게 주목한 것도 훌륭하지만,

돈을 빌리고 빌려주는 따분한 거래에 사람과 사람을 연결하고 모교에 대한 애정을 담은 스토리를 얹은 점은 '소파이'의 커다란 성공 요인이라 할 수 있을 것이다.

지금은 P2P금융이라는 서비스가 별로 특별하지는 않다. 하지만 '누구와 누구를 연결하는가', '거기에 어떤 스토리를 얹을 것인가'를 연구하다 보면 의외로 유망한 비즈니스를 끌어낼 수 있다.

콘보이
Convoy

본사 : 시애틀

창업년도 : 2015년

서비스 : 트럭 운송 서비스 중개

사업 아이디어 : 물류 수요를 중개하는 시스템을 구축한 '트럭의 우버'

'콘보이'의 비즈니스 모델을 한 마디로 표현하면 트럭에 '우버'를 옮겨놓은 것이다.

전 세계의 도로에는 24시간 내내 트럭들이 달리고 있다. 그런데 짐칸에 짐이 항상 가득해야 하지만 결코 그렇지 않다.

생각해보면 당연하다. 예를 들어, 치바에서 수확한 채소를 도쿄의 오타구에 있는 시장까지 운송한 다음 다시 치바로 짐을 실으러 간다고 하자. 그때 오타구에서 치바로 운송하는 짐이 (같은 양만큼) 있다면 좋겠지만 그럴 경우는 드물다. 화물칸이 거의 빈 상태로 치바로 가야할 때가 허다하다. 트럭 운송에서는 어찌하지 못할 불가피한 현상이다.

'콘보이'는 트럭의 이러한 구조적 문제를 없애고자 중개 서비스를 시작했다.

'콘보이'의 CEO 댄 루이스(Dan Lewis)에 따르면 운행 중인 미국 트럭의 40%는 텅 빈 채로 달린다. 뿐만 아니라 스케줄이 효율적이지 못해 아무것도 하지 않고 멈춰 있는 시간 또한 상당하다. 반면 화물을 운송해야 하는 업자는 필사적으로 트럭을 찾는다. 이 얼마나 안타까운 현실인가.

댄 루이스는 한때 아마존에서 유통 업무를 하면서 트럭 업계에서 수요와 공급의 불일치가 심각한 사실을 깨달았다고 한다. 루이스는 "이 업계 사람들의 근무 시간은 대부분 전화를 걸어 스케줄이 없는 트럭을 찾는 데 낭비되고 있다"고 설명했다.

그 정도로 트럭을 찾는 업자와 일감을 찾는 트럭 운전자는 제대로 연결되지 않고 있었다.

미국의 트럭 운송시장 규모는 약 8,000억 달러로 제법 큰 편이다. 하지만 대다수 기업들은 트럭을 3대 이하만 소유하며 가족 경영으로 꾸려가고 있다. 그렇다보니 기업들이 자력으로 운송 효율을 높이기 어렵고, 결국 어떤 업계든 전반적으로 효율이 악화될 수밖에 없다. 바로 여기에서 트럭 중개 비즈니스가 진출할 여지가 생겨났다고 할 수 있다.

'콘보이'는 창업 후 4년간 6억 6,800만 달러의 자금 조달에 성공했다. 투자자 중에는 아마존 창업자 제프 베이조스, 세일즈포스(Salesforce) 설립자인 마크 베니오프(Marc Benioff) 등 쟁쟁한 인물들이 많았다. 그만큼 성장이 기대되는 비즈니스로 주목을 받았다는 이야기다.

'콘보이'의 존재는 업계의 판도를 뒤흔들만한 그야말로 '파괴적 혁신기업'임이 분명하다.

한편 같은 물류 분야에서 아마존을 비롯한 많은 도전자들이 드론을 이용한 하늘 길 배송을 계획하고 있어 새로운 스타트업이나 기술 개발로 인해 수년 후 업계 지도는 크게 바뀔 가능성이 있다. 물류 업계는 앞으로 눈을 뗄 수 없는 분야 중 하나라 할 수 있을 것이다.

도어대시
DoorDash

본사 : 샌프란시스코
창업년도 : 2013년
서비스 : 온라인 배송
사업 아이디어 : 음식점, 재택 고객, 배송원 등 3자 중개 시스템 구축

'도어대시'의 온라인 배송은 '우버이츠(UberEats)'의 서비스와 유사하다. 집에서 음식점으로 주문하면 음식점 대신 배달원이 전달해주는 시스템이다. 여기서 포인트는 '도어대시'와 '우버이츠'가 배송업체가 아니라,

① 요리를 배송해주기 원하는 음식점
② 집까지 식사를 배달해주기 원하는 사람
③ 빈 시간에 배달 아르바이트를 하고 싶은 사람

이 3자를 멋지게 중개하는 곳이라는 점이다.

'도어대시'의 경우, 이용자가 전용 애플리케이션으로 원하는 메뉴를 선택하면 그 가게의 혼잡도나 음식 도착 예정시각 등을 확인할 수 있다.

그리고 실제 요리나 상품 택배는 '대셔(dasher)'라고 불리는 일반 배달 대행원이 한다. '대셔'는 미리 자신이 배달 가능한 지역과 최저 배달료, 근무 시간 등을 애플리케이션에 입력해 두고 대기를 한다.

이용자가 주문을 하면 최적의 '대셔'에게 발주가 들어가고, 그는 2분 이내에 수락 여부를 회신한다. 여기서 수락이 결정되면 그 시점부터 배달이 시작된다.

온라인 배송 시장은 80억 달러 규모

이런 근거리 배송을 1마일(약 1.6km)이라는 단어를 붙여 '원 마일 딜리버리(one mile delivery)' 혹은 '라스트 원 마일(last one mile)'이라고 한다. '원 마일 딜리버리' 시장은 미국 전역에서 급속히 확대되고 있다.

'도어대시'의 배송 서비스는 북미의 약 30만 개 음식점이 이용하고 있으며, 2018년부터는 세계 최대 슈퍼마켓 체인인 월마트와 파트너 계약을 맺었다. 온라인으로 월마트의 상품을 구입한 사람을 대상으로 배송 사업을 시작한 것이다.

'도어대시'의 비즈니스 개발 부문 책임자는 사람들이 소비하는 모든 상품을 2시간 이내에 받을 수 있는 날이 곧 올 것이라고 단언하다. '도어대시'의 파트너는 식료품 판매나 레스토랑에 국한되지 않는다.

일상 잡화나 소매와 같은 새로운 분야로 진출할 여지가 충분하다.

지금은 요리나 식료품뿐 아니라, 온갖 일용품에 이르기까지 스마트폰으로 주문하면 바로 배달되는 세상이 실현되고 있다. 앞으로 구매의 개념은 크게 달라질 것이다.

미국의 온라인 배송 시장은 이미 80억 달러에 이른다고 한다. 이를 증명이라도 하듯, 동종 비즈니스를 전개하는 '도어대시', '우버이츠', '포스트메이츠(Postmates)', '리프트(Lyft)', '인스타카트(Instacart)'는 모두 기업 가치가 10억 달러가 넘는 일명 '유니콘'이 되었다.

일본에서는 2016년에 '우버이츠'가 서비스를 개시했다. 2020년의 코로나 바이러스 재앙을 타고 그 흐름은 더욱 빨라져 앞으로 '원 마일 딜리버리'가 사회 깊숙이 침투할 것으로 예상된다.*

플랫폼에 책임이 있는가?

물론 이 영역에도 과제와 문제점이 있다.

'도어대시'를 예로 들면, 음식점과 주문 고객, 배달원이라는 3자는 각각의 다른 의도를 가지고 있다.

플랫폼을 시작할 때, 수요자와 공급자의 균형을 유지하기가 어렵다는 얘기는 앞에서 했지만 3자가 개입되면 난이도는 한층 더 복잡해진다.

---

* 한국에서는 2017년 8월에 서비스를 시작해 2019년 10월에 사업을 철수했다. – 옮긴이

제공하는 측과 받는 측, 배달원은 당연히 복수의 플랫폼을 병용하거나 비교할 것이고, 그에 따라 자신에게 유리하거나 사용하기 편한 플랫폼을 선택하게 된다. 이런 치열한 경쟁 속에서 더 많은 3자가 모이는 매력적인 플랫폼을 만들지 못하면 살아남기 어렵다.

그리고 하나 더, 배달원과 주문한 고객 사이의 갈등을 어떻게 해결할 것인가라는 골치 아픈 문제가 존재한다. 2019년에 일본에서는 트위터에 '우버이츠의 츠케멘 사건'이라는 투고가 올라와 소동이 일어난 적이 있었다. 투고자는 츠케멘을 주문한 손님으로 '우버이츠'를 통해 배달을 받았는데 예정 시각보다 30분이나 늦게 도착하는 바람에 국물이 다 식자 수취를 거부하고자 했다. 그는 자신의 의향을 '우버이츠'에 전하고 환불을 받았다.

있어서는 안 될 일이기는 하지만 여기까지는 흔한 문제, 피할 수 없는 문제의 범주라 할 수 있을지 모른다. 문제는 지금부터다. 배달원이 수취를 거부당하자 투고자가 거주하는 공용공간에 음식을 무참하게 내던진 사실이 발각되었다.

상황을 알게 된 투고자가 '우버이츠'에 클레임을 걸었는데 '우버이츠' 측은 '자사의 시스템 문제가 아니라 배달원의 문제이기 때문에 직접 경찰에 신고하라'며 개입을 거부했던 것이다.

'우버이츠'는 중개 플랫폼을 제공하고는 있지만 배달의 질을 보증하는 것은 아니라는 논리를 내세웠다. 결국, 버려진 음식의 뒤처리는 투고자가 직접 했다고 한다.

투고자가 사건의 경위를 무참히 버려진 음식 사진과 함께 온라인에 올리자 즉시 일파만파 퍼졌고, 뉴스에서도 이 소동을 다루게 되었다.

자, '우버이츠'나 '도어대시'가 제공하고 있는 것은 배달 서비스 자체가 아니라 어디까지나 배달원을 중개하는 서비스이다. 즉 배달의 질이라든가 배달원의 매너, 행동까지 보증하는 것은 아니다. 여기에 큰 포인트가 있다.

만약 음식점에서 직접 배달을 한다든가 음식점이 고용한 업자가 배달을 한다면 음식점에 클레임이 들어올 테고 배달원에게 불만을 제기할 수도 있다. 하지만 이런 경우에는 책임 소재가 미묘해진다. 물론 가장 큰 잘못은 배달을 한 사람에게 있으나 그 사람이 직접 책임지면 된다고 말하면 해결되는 게 아니라, 실제로 그런 불상사를 방지할만한 충분한 체제가 정비되어 있다고 할 수 없다.

'우버이츠'의 시스템에는 '배달원 평가' 기능이 있어 이런 사례가 발생하면 배달원을 나쁘게 평가할 수는 있지만 그렇게 한다고 피해를 입은 소비자가 만족하리라고 생각되지는 않는다.

온라인 배송 중개 서비스는 누구에게나 편리하고, 일하는 사람 입장에서도 빈 시간과 노력을 효율적으로 사용할 수 있는 장점이 있는 게 사실이다. 그러나 이런 서비스가 확산될수록 유사한 문제들이 증가할 것이라는 가정을 미리 해 둘 필요가 있다.

시스템이나 제도를 충분히 정비하기 전에 서비스부터 개시하는 비즈니스 속도야 말로 스타트업의 매력이기는 하다. 하지만 비즈니스가 성공하고 확대된 후에는 다양한 리스크를 예상해 비즈니스 모델의 정확도를 높여가야 한다는 요구가 높아지고 있는 게 엄연한 현실이다.

본사 : 샌프란시스코

창업년도 : 2013년

서비스 : 온라인 부동산 매매

사업 아이디어 : 부동산을 온라인에서 사고판다. 30일 이내에 환불 가능, 2년 동안 하자 보수 보증도 가능

'오픈도어'의 비즈니스 모델을 설명하기에 앞서 부동산 업계에도 이미 기술의 파도가 밀려들고 있었던 배경을 알아보자.

최근 수년 동안 기존의 전문 영역과 기술을 결합하는 '○○테크'라는 말이 여기저기서 생겨났다. 핀테크(금융×기술)라는 말은 이제 흔하다 싶을 정도로 자주 들린다. 메디테크(의료×기술), 에듀테크(교육×기술) 등과 더불어 부동산테크라는 말까지 등장해 곳곳의 업계에서 IT화가 진행되고 있음을 알 수 있다.

원래 부동산 업계는 소위 동네 부동산 중개업소처럼 당사자들이 가까운 공간에서 얼굴을 직접 보며 거래하는 아날로그의 이미지가 강해 IT화가 쉽지 않았다. 누구나 집을 구하려면 가장 가까운 전철역 주변의 중개업소를 찾는 게 당연했기 때문이다.

하지만 기술의 발전과 함께 방 찾기, 집 찾기, 물건 매매는 이미 오프라인보다 온라인으로 중심을 옮겨가고 있으며, 포털 사이트를 활용하거나 AI를 이용해 물건을 감정하는 등 다양한 측면에서 IT화가 진행되고 있다.

이런 상황은 일본도 미국도 마찬가지이다. 다만 일본에서는 부동산 정보 검색에 주로 사용되는 'REINS(Real Estate Information Network System)'라는 사이트가 부동산 업자 전용이라서 일반인들에게 충분하게 정보를 공개하지 못하고 있다. 미국의 경우는 누구나가 인터넷으로 상세한 부동산 정보를 검색할 수 있다. 각 지역의 가격 추이나 매매 이력은 물론 인근 학교의 수준, 범죄 발생 관련 내용까지 다양한 정보를 자유롭게 열람할 수 있다.

이런 이유로 미국에서는 부동산테크가 날로 활발히 발달하고 있다.

부동산, 현장에서 즉시 사고팝니다

미국의 부동산테크를 지탱해 온 기업은 '질로우(Zillow), '오픈도어(Opendoor)', '레드핀(Redfin)', '콤패스(Compass)' 등 4곳이다. IT업계의 거인 'GAFA'(구글, 애플, 페이스북, 아마존)에 빗대어 ZORK(조크)라 불리기도 한다. 그중 하나가 '오픈도어'이다.

'오픈도어'의 비즈니스 모델로 강조할만한 것은 업계에서 발 빠르게 'iBuyer(아이바이어)'를 도입했다는 점이다. 'iBuyer'는 간단히 말하면 우선 집을 팔고 싶은 사람에게 물건을 산 다음 되파는 방법이다.

통상 부동산업계는 중개업이 주를 이루므로 집을 팔고 싶은 사람이 나타나면 그 집을 사고 싶은 사람을 찾아 둘을 연결해주는 게 핵심 비즈니스이다. 회사 입장에서는 리스크가 적은, 안정된 사업이지만 이 모델은 팔릴 때까지 시간이 걸린다는 문제가 뒤따른다.

당연히 매도자는 가능한 한 비싸게 팔기를 원하겠지만 개중에는 급히 현금이 필요해서 빨리 팔고 싶다거나 서둘러 팔아주기를 원하는 사람도 있을 것이다.

그런데 중개 업무에서 최초에 설정한 가격이 너무 높아 좀처럼 매수자가 나타나지 않으면 서서히 가격을 낮추는 경우가 비일비재하다. 보통 매도가 완료될 때까지 2개월 정도, 긴 경우는 반년 정도 걸리며 물건 내부를 보고 싶다는 사람이 있을 때마다 청소를 해야 해 매도자에게는 시간적 낭비가 큰 스트레스가 된다.

이런 문제를 대담하게 해소하는 것이 'iBuyer'이다. 바로 회사가 매물로 나온 물건을 즉시 매입하는 비즈니스 모델이다.

'오픈도어'의 경우, 매도자가 온라인 시스템에 물건 정보를 입력하면 복잡한 알고리즘을 이용해 그 자리에서 물건 감정을 시작한다. 며칠 후에는 대략적인 매도 가격을 매도자 측에 제시하고 매도자가 수락하면 즉시 매매가 성사된다. 매도자는 짧으면 이틀 만에 매물을 현금화할 수 있다.

물론 매물이 일반적인 감정가보다 저렴해질 가능성이 있는 부정적 측면도 있다. 다만 그것을 감수하고라도 빨리 현금화하고 싶은 사람에게는 상당히 고마운 서비스이다.

30일 동안 살아보고 마음에 들지 않으면 환불!

'오픈도어'처럼 'iBuyer'를 하는 기업 입장에서는 매수한 물건의 매수자를 빨리 찾고 싶은 게 당연하다. 물건 자체가 재고로 남아 장기간 끌어안고 있게 놔둘 수는 없는 노릇이다.

그래서 '오픈도어'는 매수자가 보기에 대단히 매력적인 두 개의 시스템을 도입했다.

하나는 30일간 환불 보증이다. 이는 업계에서 전대미문의 시도로, '오픈도어'를 통해 주택을 구입한 사람은 30일 동안 살아보고 마음에 들지 않으면 전액 환불(구입 시의 수수료 등을 제외)받을 수 있다.

주택을 구입하는 것은 인생 최대의 쇼핑이므로 누구나 실패하고 싶지 않은 생각이 강하다. '30일간의 미리 살아보기'는 그런 점에서 상당히 매력적인 시스템이다.

그리고 또 하나. 원래 미국에서는 주택을 구입하는 경우 각종 설비(전기 계통, 급탕 설비, 공조 시스템 등)의 하자에 대비해 보통 1년 동안 보증을 해준다. '오픈도어'는 이를 2년 보증으로 연장해 매수자가 더욱 안심할 수 있게 했다.

이 시스템 덕분에 '오픈도어'는 업계를 파괴할 정도의 영향력을 발휘하며 급성장하고 있다.

다만 '오픈도어'의 비즈니스 모델을 지속하려면 상당한 자금이 필요하다. 어느 매물이 나오든 자금을 계속 확보할 수 있을 것인가? 이것은 중대한 문제이다. 5장에서 이와 관련한 최근의 스타트업 버블을 자세히 살펴보겠다.

'오픈도어'의 성공 사례를 그냥 두고 볼 수 없다는 듯 대형 부동산 회사들도 'iBuyer'를 도입하기 시작했다. '오픈도어' 비즈니스의 경우 싸게 사서 비싸게 파는 것이 핵심이며, 즉시 구입하고 바로 현금을 지불하는 방법으로 중고 주택을 싸게 대량으로 사들일 수 있었다. 하지만 경쟁자들이 진출하면 당연히 매도자도 빨리 현금화할 수 있되 가장 비싼 값을 매겨주는 상대를 찾기 시작한다.

'오픈도어'는 AI기술을 구사해서 높은 감정가를 매긴다고 하지만 경쟁자들이 등장하고 가격 경쟁이 치열해지는 상황에서 어떻게 대처해나갈지 지켜볼 필요가 있다.

MZ세대가 이끄는 혁신 비즈니스 모델

GAFA를
노리는 작은 거인들

3장

비즈니스 모델로
업계의 흐름을 뒤바꾼 기업들

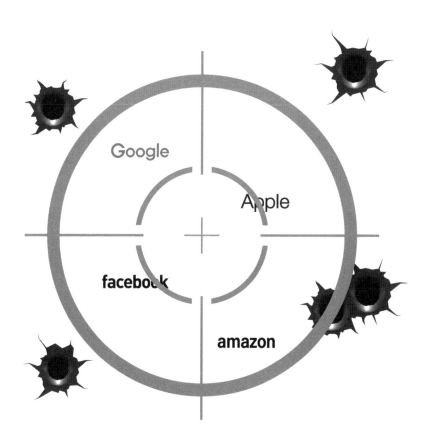

유다시티
Udacity

본사 : 마운틴 뷰(캘리포니아)

창업년도 : 2011년

서비스 : 온라인 교육

사업 아이디어 : 인터넷을 활용해 저가로 양질의 교육을 제공

코세라
Coursera

본사 : 마운틴 뷰(캘리포니아)

창업년도 : 2012년

서비스 : 온라인 교육

사업 아이디어 : 인터넷을 활용해 저가로 양질의 교육을 제공

이번 장에서는 우선 '유다시티'와 '코세라'라는 거의 유사한 비즈니스를 전개하고 있는 두 개의 기업을 함께 다루고자 한다. 이 두

회사의 비즈니스는 온라인에서 양질의 교육 콘텐츠를 제공하는 것으로 그 자체는 특별해 보이지 않는다.

하지만 2012년 무렵부터 온라인 교육업계는 맹렬한 기세로 변하기 시작했다. 특히 대학을 비롯한 고등 교육에서는 교육을 받는다거나 뭔가를 배운다는 체험이 근본부터 전복되는 격변이 일어나고 있다.

인터넷을 통한 강의의 무한 확장

여러분은 'MOOC'라는 말을 들어본 적이 있는가? 'Massive Open Online Course'의 약자로 직역하면 '대규모로 공개된 온라인 강의'라는 의미이다. 복수형으로 'MOOCs'라 불리기도 한다.

수강료는 무료(일부 유료 옵션 있음)이고, 인터넷 환경만 갖춰져 있으면 누구나 어디서든 세계 명문 대학의 강의를 들을 수 있는 서비스의 총칭이다.

'MOOC'에는 하버드 대학, 스탠퍼드 대학, 매사추세츠 공과대학, 프린스턴 대학 등 유명한 대학들이 참여하고 있고, 2013년부터는 도쿄 대학도 가세했다.

이런 수준 높은 교육 콘텐츠를 제공하는 플랫폼이 '유다시티'이며 '코세라'이다. 참고로 또 다른 비영리 플랫폼으로 'edx'라는 것이 있는데 이 셋이 중심을 이룬다.

'코세라'는 스탠퍼드 대학, 미시간 대학, 프린스턴 대학 등의 강의를 제공하고 있으며, 'edx'에서는 하버드 대학, 매사추세츠 공과대학 등의 강의를 들을 수 있다.

'유다시티'는 원래 대학 강의가 중심이었는데 최근에는 전문성을 높여 현재는 컴퓨터 사이언스, AI, 딥러닝 등 전문 영역의 강좌를 많이 제공하고 있다.

이처럼 복수의 플랫폼들이 요령 있게 공존하며 세계 최고의 교육 콘텐츠를 제공하고 있다.

앞서 말했듯, 강의를 듣는 것 자체는 원칙적으로 무료이다. 다만 수료증 발행이나 성적, 평가를 받는 등 부가서비스를 희망하는 경우는 유료로 전환되는 시스템으로 전형적인 프리미엄 모델이다. 2013년에는 일본판인 'JMOOC(Japan Massive Open Online Courses Promotion Council)'도 개설되어 여러 대학의 강의를 온라인으로 무료 수강할 수 있는 서비스가 시작되었다.

'MOOC'는 플랫폼형 비즈니스이지만 세계 최고의 수업을 온라인으로, 무료로, 누구나, 어디서나 받을 수 있다는 놀라운 고객체험을 통해 새로운 흐름을 만들어냈다.

예전부터 라디오 강좌와 방송통신대학 등 집에서 뭔가를 배우는 교육 형태가 있었고 학원 등을 중심으로 온라인 수업도 널리 보급되어 있지만, 대학에서 초등학교까지 기본적인 정규교육 체제에서는 일정한 공간의 캠퍼스에서 강의를 듣는 게 당연시 되어왔다. 하지만 'MOOC'가 만들어낸 온라인 교육 트렌드는 2020년에 발생한 코로나 바이러스의 세계적 팬데믹으로 인해 교육 체제의 구질서를 극적으로 바꿔놓을 가능성이 점쳐지고 있다.

하버드나 스탠퍼드보다 낫다! '미네르바 대학'

대학 교육 이노베이션의 마지막 편으로 결코 평범하지 않은 한 대학을 살짝 소개하려 한다.

여러분은 2014년에 개교한 미네르바 대학이라는 학교를 들어본 적이 있는지?

모르는 사람이 많을지 모르지만 지금은 하버드 대학이나 스탠퍼드 대학을 뒤로 하고 미네르바 대학을 선택하는 사람이 있을 정도로 세상의 주목을 받는 놀라운 대학이다.

다만 우리가 흔히 알고 있는 대학과는 여러 면에서 다르다.

쉬운 것부터 얘기하자면, 일단 미네르바 대학에는 정해진 캠퍼스가 없다.

배움의 거점은 샌프란시스코, 서울, 하이데라바드(인도), 베를린, 부에노스아이레스, 런던, 베이징 등 세계 7개 도시에 있고, 학생은 4년 동안 그 7개 도시를 이동하면서 공부한다.

기존의 대학과는 학업 스타일부터 라이프스타일까지 모든 게 확연히 다르다.

각각 7개 도시에 있는 연구 관련 시설과 예술 시설 혹은 도서관 등을 이용하고, 때로는 현지 기업, 지자체, 시민단체 등과 공동 프로젝트를 실시하면서 다양한 것들을 체험하고 배워나간다.

학생들은 기숙사 생활을 하지만 수업이나 강의는 모두 온라인에서 이루어진다.

하나부터 열까지 이례적이지만 지금은 전 세계에서 2만 명이 넘는 수험생이 쇄도해 합격률은 고작 2%에 불과하다. 합격의 길이 그야말로 좁디좁은 바늘구멍이다.

지금까지 캠퍼스 라이프라고 하면 교외에 드넓은 잔디밭이 있고, 그곳에 학생들이 모이고, 정해진 건물에서 강의를 듣는 게 일반적인 풍경이었다. 지금 그 이미지는 크게 변하고 있다.

코로나 바이러스의 확산으로 하버드 대학이나 매사추세츠 공과대학 등 많은 대학들이 모든 수업을 온라인으로 전환하고, 캠퍼스에 많은 학생이 모이지 않아도 수업을 수강할 수 있도록 하고 있다. 미네르바 대학처럼 다양한 환경변화 속에서 배움의 장은 대변신을 꾀하고 있다.

프로지니
Progyny

본사 : 뉴욕

창업년도 : 2008년

서비스 : 난임 치료 서비스

사업 아이디어 : 체외수정을 비롯한 난임 치료 비용 보조 및 상담을
제공

'프로지니'의 비즈니스를 한마디로 하면 난임 치료 서비스 제공
이다.

하지만 이 회사의 최대 특징은 고액의 치료를 복리후생 차원에서
제공한다는 데 있다.

난임 치료는 비용이 많이 든다. 치료에도 다양한 방법과 수준이
있다.

예를 들면, 체외수정을 하기 전에도 다양한 검사를 받아야 하고,
또 검사를 거쳐 체외수정을 했다 해도 단번에 임신이 되리라는 보
장이 없다. 두 번, 세 번 반복해 체외수정을 하는 사람도 많고 그때
마다 30만~50만 엔이라는 비용이 든다.

병원을 처음 방문했을 때부터 계산한 비용이 100만 엔 이상 들었

다는 사람이 과반수 이상이며, 200만 엔 이상 들었다는 사람도 간혹 있는 게 난임 치료의 실정이다.

난임 치료는 체력적이나 정신적인 측면뿐 아니라 경제적으로도 큰 부담이 될 수밖에 없다.

이런 고액의 난임 치료를 회사의 복리후생 차원에서 제공하는 것이 '프로지니'의 비즈니스 모델이다.

어떤 기업이 '프로지니'와 계약하면 그 회사 직원은 돈 걱정 없이 복리후생으로 고도의 난임 치료를 받을 수 있다. 또한 바쁜 여성 직원의 스케줄에 맞춰 처치나 치료에 관한 컨설팅도 제공하고 있다. 난임으로 고민하는 사람, 나아가서는 그 가족에게는 아주 고마운 서비스인 것이다.

참고로, 일본에도 'SuguCare'라는 난임 치료 서비스를 제공하는 회사가 있는데, 이 회사도 2019년부터 기업의 복리후생 차원의 서비스를 개시했다. '믹시(mixi)'*가 이 복리후생 서비스를 이용하는 것으로 화제가 된 적이 있으니 아마 알고 있는 독자도 있을 것이다.

고액에다 정신적, 체력적 부담이 큰 난임 치료 서비스를 회사의 복리후생으로 제공하는 움직임은 앞으로 전 세계적으로(특히 선진국에서) 확산할 가능성이 있다.

기업들의 출산과 육아 지원은 저출산 국가에서 대세가 되어가고 있지만, 그보다 한 단계 이전인 임신 자체를 회사가 지원하는 시대가 벌써 성큼 다가왔다.

---

* 일본 최대 규모의 소셜 네트워킹 회사 - 옮긴이

기업들의 급성장 배경 '미국의 사회와 문화'

단, 일본과 미국은 몇 가지 점에서 사정이 다르다.

미국의 경우 노동력의 유동성이 일본에 비해 높기 때문에 기업 입장에서는 우수한 인재를 놓치고 싶지 않으려는 욕구가 더욱 강하다. 그만큼 회사가 인재 유출 방지에 주력하고 있는 셈이다. 따라서 미국 기업들은 자연스럽게 다소 비용이 들어도 복리후생을 충실히 시행함으로써 일하고 싶은 회사, 일하기 편한 회사를 지향하는 편이다.

특히 미국에서는 관리직을 비롯한 여러 직종에 여성의 진출이나 활약이 두드러져 '여성이 일하기 좋은 직장', '여성에게 이득이 큰 복리후생'에 각별히 신경을 쓰지 않을 수 없다.

이런 몇몇 이유로 인해 '프로지니' 같은 서비스는 일본보다 미국 사회에서 더 잘 녹아들어가고 있으며, 구글이나 마이크로소프트 등 초일류 기업들이 이 회사의 서비스를 받고 있다.

'프로지니'는 난임치료 서비스를 본격적으로 시작한 2016년부터 불과 3년만인 2019년에 매출이 약 2억 달러로 성장했다. 이어 나스닥에 상장했으며 시가총액은 약 20억 달러에 달한다. 미국의 문화와 사회가 그만큼 '프로지니'를 급성장시키고 있는 게 틀림없다.

여성의 사회 진출 증가와 노동력의 유동성이 갈수록 높아지는 상황에서 앞으로 전 세계적으로 고도의 난임 치료를 기업이 지원하는 비즈니스가 성장할 여지는 충분하지 않을까.

펠로톤
Peloton

본사 : 뉴욕

창업년도 : 2012년

서비스 : 홈 트레이닝

사업 아이디어 : 사이클과 동영상을 연동해 가정에 운동 공간을 제공

'펠로톤'의 비즈니스 모델은 트레이닝용 사이클을 판매하고 고객이 집에서 훈련할 수 있게 하는 것이다. '펠로톤' 전용 사이클에는 대형 모니터가 장착되어 있어 집에서 강사의 운동법이 담긴 동영상을 보면서 조깅을 할 수 있다.

사이클의 판매가격은 약 2,200달러. 강사들의 다양한 운동법 동영상은 월정액 39달러의 구독료를 내고 원하는 대로 볼 수 있다.

여기까지 들으면, 대체 누가 그런 고가의 트레이닝용 사이클을 살지 궁금해 하는 사람도 있을 것이고, 월 39달러 이상을 지불하면서 집에서 동영상을 보며 사이클 페달을 밟는 트레이닝이 얼마나 효과가 있을까 의문을 갖는 사람도 있을 것이다.

그런데 이 서비스가 미국 전역에서 대박을 쳤다.

성공 요인은 여럿 있지만 뭐니 뭐니 해도 가장 큰 요인은 매력적이고 다양한 강사진이다.

'펠로톤'이 처음부터 '홈 트레이닝' 사업을 했던 것은 아니다. 일반적인 스포츠 트레이닝 센터처럼 운동 공간이 있었고(지금도 존재한다), 회원은 그곳에 직접 가서 운동하는 지극히 평범한 트레이닝 센터였다.

다만 운동 연습 스타일에는 특징이 있었다. 어두운 스튜디오에 트레이닝 사이클이 죽 늘어서 있고, 클럽을 연상시키는 음악이 우렁차게 흐르며, 클럽 분위기의 조명 아래서 사이클 페달을 밟는 식이었다.

맨 앞줄은 열기로 가득했다. 센터의 분위기를 열광적으로 끌어올리는 강사들이 함께 페달을 밟으며 때로는 엄격하게, 때로는 친절하게 격려하는 가운데 회원들 모두가 땀을 흘렸다.

이런 프로그램과 강사진이 화제를 불러일으키며 골든타임에는 예약을 할 수 없는 상황이 계속되자 타개책으로 나온 것이 '집에서 할 수 있는 온라인 운동'이었다.

가정의 안방에서 현장감과 생동감을 연출

집에서 동영상을 보며 사이클을 타는 것은 시간적으로나 공간적으로 별 부담이 없어 대단히 매력적이다. 반면, 동기가 부여되지 않거나 그러다가 운동을 포기하게 되는 단점도 있다.

그런 문제를 보완하기 위해 '펠로톤'에서는 이용자가 같은 동영상을 반복 시청하는 게 아니라, 실시간으로 영상을 보며 운동하거나 녹화된 동영상을 스트리밍하면서 운동하는 두 가지 패턴을 준비했다.

둘 다 항상 온라인에 연결되어 있어 이용자가 최대한 현장감을 느끼도록 했다. 때문에 집에 있으면서도 센터의 강좌에 직접 참가하고 있는 듯한 체험을 할 수 있게 된다.

화면에는 같은 시간에 같은 프로그램을 체험 중인 사람들의 정보가 연속적으로 표시되어 지금 어떤 사람이 운동하고 있으며 나의 순위가 어디에 있는지를 실시간으로 알 수 있다.

화면 중앙에는 나와 마주 보는 강사가 있어 마치 1대 1 레슨을 받는 것 같으면서 스튜디오에 있는 모든 사람들과 함께 연습하는 감각도 맛볼 수 있는 절묘한 콘텐츠가 펼쳐진다.

그래서 집에 있으면서도 특정한 시간에 자신이 원하는 강사의 수업에 참여하겠다는 사람들이 몰리고 덩달아 온라인의 참가자들이 함께, 때로는 경쟁하면서 운동하는 시스템으로 자리 잡았다.

한마디로 생동감과 현장감을 살려 폭발적인 인기를 얻게 되었던 것이다.

'하나부터 열까지 우리 힘으로'

'펠로톤'의 비즈니스 전략 중에 또 하나, 대단히 흥미로운 것이 있다. '모든 것을 우리가 한다.' 즉, 서비스 품질에 완벽을 기하는 자세이다.

비즈니스의 구조를 표현하는 말 중에 '수직통합형'과 '수평통합형'(수평분업형이라고도 한다)이라는 표현이 있다.

수직통합형은 제품의 개발, 생산, 판매에 이르기까지 모든 것을 한 회사가 도맡는 방식이다. 파나소닉, 샤프, 소니 등 일본의 유명한 전기 회사는 대부분이 이 유형으로 성장했다. 전체 공정을 자사가 해결함으로써 모든 영역에서 고품질을 유지할 수 있고 '메이드 인 재팬'이라는 브랜드를 굳혔다고 할 수 있다.

반면, 제품의 핵심 부분은 자사가 개발하고 제조하지만 그 밖의 부분을 외주로 넘기는 경우는 수평통합형이다. 많은 사람들이 사용하는 윈도우 컴퓨터가 대표적인 예이다. 코어가 되는 CPU와 OS는 인텔이나 마이크로소프트가 제공하고 본체 디자인은 각 회사가, 그리고 제조는 중국이나 타이완의 공장에서 이루어진다.

현대의 비즈니스 속도를 생각하면 일일이 회사마다 광활한 공장을 보유하고 모든 것을 도맡는 것은 현실적으로 어려워지고 있다. 물론 인건비도 절약할 수 있다.

그런데 '펠로톤'은 수직통합형이다. '하나부터 열까지 우리 힘으로!'인 것이다.

이용자가 사용하는 트레이닝 사이클을 자사가 개발하는 것은 물론, 동영상 콘텐츠도 모두 직접 제작하며 소프트웨어뿐 아니라 사이클에 탑재되는 태블릿까지 스스로 개발한다.

이뿐 아니다. 이용자의 집까지 운반하는 배송도 '펠로톤' 로고가 찍힌 멋진 전용 밴을 사용하며, 자사의 직원이 방문해 이용자에게 기자재 설치부터 설명까지 모든 것을 직접 처리해준다. 멋진 외모의 강사가 집까지 와서 설치해주고 사용법까지 지도해주다니 정말 친절하고 철저하지 않은가.

비즈니스의 효율만 생각하면 수평분업을 택하는 편이 장점이 많겠지만 '펠로톤'이 고객에게 제공하고 있는 것은 단순한 트레이닝 사이클 판매가 아니라 '펠로톤'이라는 완전히 새로운 브랜드의 체험인 것이다. 그렇기 때문에 새로운 트레이닝 기계가 집에 도착하고, 설치가 완료되며, 실제로 훈련을 시작하기까지 완전하게 연출된 스토리가 만들어져 있다.

그 결과, 고객 유지도를 나타내는 NPS스코어가 91로 미국 전역에서 2위이며, 해약률은 고작 1%라는 놀라운 고객 만족도를 실현하고 있어 세계적으로도 주목받고 있다.

참고로, 축구선수 데이비드 베컴과 페이스북 창업주 마크 저커버그도 '펠로톤' 회원이라고 한다. 이렇게 유명 인사들이 이용하는 브랜드라는 이미지도 '펠로톤'에는 긍정적인 영향을 줄 것이다.

엘레베스트
Ellevest

본사 : 뉴욕

창업년도 : 2014년

서비스 : 여성 대상 투자 자문

사업 아이디어 : 라이프 스테이지(life stage, 생애단계)를 고려한 여
성 전용 자산운용

'엘레베스트'의 비즈니스 모델은 상당히 단순해서 AI를 이용해 금융서비스를 하는 로보어드바이저(roboadvisor)가 고객의 자산을 운용하는 것이다. 지금까지의 투자 서비스는 대부분 고소득 남성에게 초점이 맞춰져 있었지만 고객을 여성으로 한정한 점이 가장 큰 포인트이다.

'여성 한정'이라는 말만 들었을 때는 그리 대단한 이노베이션도 아니지 않은가 싶을 수도 있다. 하지만 '엘레베스트'의 비즈니스 전략은 단순한 고객 특화가 아니라, 오히려 여성의 자산운용에 대한 의식 개혁, 남녀 격차의 축소라는 사회적 메시지가 짙게 배어 있다.

이런 비즈니스가 성공하는 배경에는 수입과 급여는 물론 자산운용에 이르기까지 다양한 측면에 존재하는 남녀의 격차가 있다.

이런 숫자를 들어본 적이 있는가. 미국 전역 남성의 임금이 평균 1달러라고 하면 여성은 76센트밖에 되지 않는다. 이는 자주 인용되는 데이터이다. 비교적 남녀가 평등한 것으로 알려져 있는 미국에서도 남녀의 임금이 약 25%나 차이가 있는 것이다. 다소 놀라운 숫자이다.

학자금 대출에서도 이런 경향은 현저히 나타난다. 미국에서 흔히 이용되는 학자금 대출을 합하면 약 1조 3,000억 달러에 달한다고 하는데, 그중 3분의 2는 여성이 대출 중이라고 한다.(전미대학여성협회 발표)

그만큼 많은 여성들이 대학을 나왔다는 증거이겠지만 이 숫자에는 다른 사실이 숨어 있다. 여성의 임금이 낮아서 졸업 후 5년 동안 상환하는 액수가 남성보다 10%나 적은 현실적 배경이 깔려있는 것이다. 여성의 경우 그만큼 대출금을 완전히 상환하기까지 더 시간이 걸리기 때문에 대출자가 많을 수밖에 없다.

남자와 여자가 생각하는 투자의 이미지는 전혀 다르다

성별에 따라 다른 점은 더 존재한다.

'엘레베스트'가 공개한 보고서에 따르면, 원래 남성과 여성은 자산운용에 관한 사고방식이나 자세가 다르다는 걸 알 수 있다.

일반적으로 남성은 투자 내용이나 리스크를 잘 알지 못하는 상태에서도 비교적 즉석에서 의사결정을 하고 투자하는 경향이 있다.

이에 비해 여성은 신중한 편이어서 모든 것을 이해하지 못하면 투자를 시작해서는 안 된다고 생각한다. 물론 예외는 있지만 그런 경향이 강하다.

하지만 투자나 자산운용에서 완벽하고 충분한 상태는 갖출 수 없다. '엘레베스트'의 보고서는 여성과 같은 지나치게 신중한 태도로는 좀처럼 투자를 시작할 수 없다고 지적하고 있다.

이 보고서에서는 연소득 8만 5,000달러인 사람이 그중 20%를 투자하지 않고 저축을 한다면 이후 40년 동안 110만 달러 이상을 잃게 될 것이라고 설명한다.

표현을 바꾸면, 연소득 8만 5,000달러인 사람이 20%를 투자하는 의사결정이 늦어 10년 동안 그대로 방치하면 그 10년 동안 매일 100달러씩 잃는 것과 마찬가지라고 '엘레베스트'는 주장한다.

투자에 대해 자세히 모르는 사람이라도 연소득의 20%를 투자하지 않고 저축한다면 매일 100달러씩 손해를 본다는 말을 들을 경우 지금 당장 투자해야겠다는 생각을 하지 않을까.

물론 다양한 조건과 리스크가 있기 때문에 그렇게 단순한 얘기는 아니다. 하지만 '엘레베스트'는 이런 메시지를 여성들에게 널리 알리고, 여성을 위한 자산운용과 의식 개혁을 지원하고 있다.

메시지와 스토리로 확장되는 비즈니스

'엘레베스트'의 CEO인 샐리 크로첵(Sallie Krawcheck)은 어떤 인터뷰에서 "우리는 여성이 공공의 장에서 돈에 관해 이야기하는 것이 경박하고, 추하고, 품위 없는 행위라는 가치관에 오랜 시간 세뇌되어 왔다"고 말했다.

미국에도 이런 가치관이 침투해 있다는 게 다소 놀랍지만 그만큼 여성과 돈, 혹은 여성과 투자라는 것은 연관 짓기 어려운 요소임이 분명한 듯하다.

여기에 초점을 맞춰 여성들이 좀 더 투자에 관해 올바른 지식을 갖기 바란다는 메시지를 보낸 것이 '엘레베스트'의 혁신 포인트이며 강점이 되었다.

당연하지만, '엘레베스트'는 여성 지원자가 많다. 프로 테니스 선수인 비너스 윌리엄스나 조지 루카스의 아내이자 여성 창업가의 상징적 존재라고도 불리는 멜로디 홉슨(Mellody Hobson)이 멤버로 참여해 지원에 나서 화제가 되고 있다.

간단히 말하면, 고객을 특화한 비즈니스 모델이지만 거기에 강한 메시지와 스토리가 더해져서 대규모 가치 창출의 계기를 마련한 좋은 예라 할 수 있지 않을까.

'무소비'의 영역은 이노베이션의 호재

여기서 얘기가 조금 옆길로 샌다. 크리스텐슨 교수는 이노베이션을 일으킬 때 '무소비'를 찾는 것이 중요하다고 강조한다.

세상에는 다양한 이유로 잠재적인 수요가 존재함에도 불구하고 상품이나 서비스가 쓰이지 않는 상황이 있다. 바로 '무소비'의 상태에 놓이게 되는 것이다. 그 요인으로 다음 4가지를 들고 있다.

① 기술
② 돈
③ 접근
④ 시간

첫 번째, 기술의 경우는 어떤 상품이나 서비스를 이용하고 싶지만 활용 기술 부족으로 외면하게 되는 무소비의 상태를 말한다.

최근에는 많이 줄어들고 있지만, 고령자층에서는 사용하는 방법을 몰라 컴퓨터나 스마트폰을 멀리하는 무소비의 경향이 있었다. 거꾸로 말하면 고령층은 기술 문제만 해결하면 거대한 블루오션(경쟁자가 없는 시장)이 펼쳐졌을 거라는 얘기다.

둘째, 갖고 싶지만 비싸서 살 수 없을 경우는 돈에 의한 무소비가 발생한다. 비용을 대담하게 인하만 한다면 수많은 소비자들이 생기는 구조이다.

셋째, 서비스를 받고 싶지만 너무 멀어서 갈 수 없다거나 상품을 원하지만 내가 사는 지역에서는 판매하지 않는다 등 접근이 용의치 않아 발생하는 무소비이다. 이런 경우는 인터넷 판매나 온라인 서비스로 해결될 가능성이 있다.

넷째, 꼭 써보고 싶은데 시간이 너무 많이 걸린다는 이유로 사용하지 않는 경우도 있다. 시간에 의한 무소비이다. 예를 들면, 획기적인 학습교재로서 확실하게 어학 실력을 향상시킨다는 걸 알아도 배우는 시간이 너무 길면 주저하게 된다.

세상에는 이런 이유들로 인한 무소비가 아직 수두룩하다.

'엘레베스트'의 비즈니스 모델에서 배울 수 있는 것은 기술, 돈, 접근, 시간과 더불어 가치관에 의한 무소비도 존재한다는 사실이다. 원래 여성들은 투자에 너무 소극적이어서 여성을 겨냥한 투자 관련 메시지를 봐도 '나를 위한 게 아니야'라며 신경을 쓰지 않았다.

여기에 주목한 '엘레베스트'는 '여성일수록 투자에 대해 더 많이 알고 흥미를 가져야 한다'라는 메시지를 개발해 무소비층이었던 여성을 파워풀한 마켓으로 변화시키고 있다.

띵스
Thinx

본사 : 뉴욕

창업년도 : 2011년

서비스 : 여성 생리 팬티 판매

사업 아이디어 : 항균, 발산, 흡수, 샘 방지 등 4개 층을 겸비한 재사
용 가능 팬티를 제작

'띵스'는 생리 때에 생리대나 탐폰이 없어도 반복 사용이 가능한
전용 팬티를 판매하는 회사이다. 여성은 초경부터 폐경까지 평균
약 450회 생리를 한다고 한다. 그럼에도 생리대나 탐폰은 과거 80년
동안 그 형태를 거의 바꾸지 않아 생리 위생용품은 이노베이션이
가장 뒤처진 분야 중 하나로 지적되어 왔다.

그 배경에는 생리를 공개적으로 거론하는 것을 기피하는 경향이
있는데, 선진 사회인 미국에서도 생리 문제를 쉽사리 논의하기는
어려운 상황이었던 것 같다.

'띵스'의 비즈니스 전략은 바로 이런 터부에 도전한 것이다. 새
로운 감각이나 가치관을 숨기지 않고 이야기함으로써 1980년대와
1990년대 초반에 태어난 일명 '밀레니얼 세대'를 중심으로 뜨거운

지지를 받고 있다.

'띵스'의 광고 전략에서 가장 선풍적이었던 것은 2015년 뉴욕의 지하철에 걸린 포스터였다. 핑크색 자몽을 반으로 자른, 여성의 성기를 연상시키는 단면 포스터가 역사를 점거한 광경은 큰 반향을 불러일으키며 물의를 빚었다. 한때는 뉴욕 교통당국이 부적절하다는 이유를 들어 벽에 붙이지 못하게 할 정도였다.

하지만 '띵스' 측은 오히려 교통당국의 판단을 역으로 이용해 '이 판단이야말로 문제다', '여성의 생리를 감추는 것은 차별이다'와 같은 취지의 메시지를 광고와 SNS를 통해 지속적으로 퍼뜨렸다. 메시지가 많은 사람들의 눈에 띄면서 SNS를 중심으로 지지 세력이 불어났다.

'생리의 격차'에서 찾아낸 독보적 브랜드

'띵스'는 이런 광고로 단지 화제를 불러일으키는 데 그치지 않았다.

CEO인 미키 아그라월(Miki Agrawal)은 인도와 아프리카를 비롯한 많은 개도국 지역에서 여성의 생리용품이 부족한 현실에 문제의식을 드러냈다. 그녀는 재사용이 가능한 생리대를 제조해 판매하는 아프리카의 'AFRIpads'라는 단체와 파트너 계약을 맺는 등 사회 공헌 활동도 적극적으로 펼치고 있다.

별로 알려지지는 않았지만 일회용 생리용품은 경제적 또는 환경적인 부담이 커서 선진국에서도 사회문제로 거론되어 왔다. 2017년

영국 국내 조사에서는 젊은 여성 10명 중 한 명이 생리로 인한 빈곤을 겪고 있으며, 연간 13만 명 이상이 학교를 쉬고 있다는 실태가 밝혀진 바 있다. 개도국의 상황은 더욱 심각하다. 아예 생리용품을 구할 수 없는 경우도 많고, 대체품 중 대부분은 위생 상태가 엉망인 불량품이다. 때문에 여학생들이 학교에 가지 못하고, 이로 인해 발생한 교육 격차는 생활 자체의 격차로 이어진다는 지적도 있다.

청결하고 질이 좋으며 반복해서 사용이 가능하고 경제적 부담도 줄일 수 있는 생리용품은 이처럼 숱한 사회문제를 해결하기 위한 도구가 될 만하다.

'띵스'는 이런 사회적 메시지에 걸맞게 상품의 질을 개선하고, 나아가 파격적인 광고 전략과 SNS 팬 확보 등으로 지지자들을 늘려 업계에서 독보적인 브랜드 이미지를 구축하며 새로운 존재감을 나타내고 있다.

캐스퍼
Casper

본사 : 뉴욕

창업년도 : 2014년

서비스 : 온라인 침구 판매

사업 아이디어 : '잠을 판다'는 발상. 100일 무료체험, 10년 보증까지

'캐스퍼'의 비즈니스 모델은 매트리스나 깃털 이불 같은 침구를 만들어 온라인에서 판매하는 것이다. 이 자체로는 혁신적인 요소가 거의 느껴지지 않는다.

이 회사의 비즈니스 특징은 철저한 간결화에 있다. 스스로 '슬립 컴퍼니(sleep company)'라 부르며 '침구가 아닌 잠을 판다'라는 슬로건을 내세우고 있다. '캐스퍼'의 본질은 여기에 있다.

미국의 매트리스 시장은 150억 달러에 이른다. 고가의 매트리스를 구입하는 사람들도 적지 않아 고급 브랜드의 경우는 수천 달러가 넘는 것도 있다. 사람들은 화려한 전시장을 방문해 질감과 품질을 꼼꼼히 살피고 자신에게 맞는 매트리스를 구입한다.

하지만 젊은 밀레니얼 세대의 소비 행태는 달라지고 있다. 전시

장에 가서 직원의 접객을 받으며 다양한 제품들을 체험하고 그중에서 자신에게 맞는 제품을 선택하는 일에 스트레스를 느끼고 있는 것이다.

'캐스퍼'는 이런 변화를 간결화로 해결하고자 했다.

'캐스퍼'는 철저하게 '잠'을 연구한 결과, 소비자에게 맞는 여러 유형의 매트리스를 준비할 필요가 없다는 결론에 이르렀다. 매트리스를 감싸는 천을 면밀하게 조사하면서 대부분의 이용자는 두 종류의 소재를 선호하고, 이 둘을 사용해 매트리스를 만들면 이용자에게 수면의 만족감을 제공할 수 있다는 결론을 내린 것이다. 그리고 '캐스퍼'는 단 한 종류의 매트리스에 승부를 걸었으며, 500달러라는 합리적인 가격을 설정하고 온라인에서 판매하기로 결정했다.

매트리스가 한 종류밖에 없다면 굳이 전시장에 가서 이것저것 테스트를 할 필요가 없고, 온라인으로 간단하고 신속하게 구입할 수 있다. 매트리스를 선택하고 구입하는 스트레스를 완전히 배제한 간결한 고객 체험이 '캐스퍼'의 성공 비결이었다.

하지만 수면용 매트리스라서 테스트하지 못한 불안감을 갖게 되는 사람도 많을 것이다. '캐스퍼'는 그런 고객들의 요구도 '100일 무료체험'과 '10년 보증'을 실시해 빈틈없이 대응하고 있다. 또한, 좁은 입구와 공동주택이라도 간단히 배송되도록 소형 냉장고만큼 작게 부피를 줄여 포장하는 획기적인 방법도 개발했다.

이런 간결화 덕분에 '캐스퍼'는 2014년 창업 후 2년 반도 지나지 않아 매출 1억 달러를 달성했다. 그야말로 업계를 파괴하는 영향력을 발휘하고 있는 중이다.

고객의 관심에 주목해 성공한 비즈니스

'캐스퍼'에서 흥미로운 점은 침구가 아니라 잠을 판매한다는 발상이다. 여기에는 비즈니스를 성공으로 이끄는 중요한 열쇠가 숨겨져 있다.

'직업 이론(Job Theory)'이라는 말을 들어본 적이 있는지 모르겠다.

클레이튼 크리스텐슨이 주창한 것으로, 고객은 상품과 서비스 자체를 원하는 게 아니라 정리하거나 해결하고 싶은 일이 있고, 이를 위해 상품이나 서비스를 받으려한다는 이론이다.

이 이론을 설명하는 무척이나 유명한 이야기가 있다.

어떤 체인점이 밀크세이크 매출을 올리기 위해 구매자들의 속성을 분석하고 그들을 대상으로 상품 개선을 위한 조사를 했다. 그 결과를 바탕으로, 좀 더 걸쭉한 느낌이 좋다거나 초콜릿 맛은 강한 게 좋다는 다수 의견을 받아들여 맛을 개량했다. 핵심 고객들의 취향에 맛을 맞추고자 한 것이었다. 그런데 모처럼 맛을 개량까지 했으나 매출은 좀처럼 오르지 않았다. 어느 기업에서든 흔히 볼 수 있는 개선의 실패 사례였다.

그래서 다시 고객의 행동을 관찰해보니 아침 9시 전에 차를 타고 방문해, 테이크아웃으로 밀크세이크를 사는 사람이 많다는 걸 알았다. 왜 이런 고객이 많은 것일까? 그 이유를 알아보니 '출근 시간 동안 심심해서 차에서 즐길 수 있는 게 필요하다', '조금이라도 배를 채울 수 있는 게 좋다'는 의견을 들을 수 있었다. 콜라나 주스는 바로 다 마셔버리게 되고 배를 채울 수도 없을 것이다. 그렇다고 버거나 베이글은 한 손으로 가볍게 들고 먹기에 번거롭고 차량 내부가 더러워질 가능성이 있다.

결론은 밀크셰이크의 경우 지루한 차 안이라는 상황에서 잠시 즐길 수 있고, 차 안을 더럽히지 않으며, 게다가 배도 채울 수 있어 고객의 욕구를 멋지게 충족시킬 수 있다는 것이었다. 아침 출근길에 나선 고객에게 미묘한 맛 차이 따위는 별반 관심이 없는 셈이었다.

이처럼 '고객이 어떤 상품이나 서비스를 좋아할까'가 아니라 '어떤 고객을 어떤 상황에서 어떻게 만족시킬까'라는 발상을 우선시하는 게 직업 이론의 핵심이다. 기업들은 이에 따라 구매 행동에서 명확한 인과 관계를 발견할 수 있게 된다.

자, 이를 '캐스퍼'에 대입해 생각해보자.

'캐스퍼'가 겨냥한 고객은 밀레니얼 세대이다.

그렇다면 이들에게 어떤 상황에서, 어떤 욕구가 발생할까?

밤에 침대에 누웠을 때는 자연스럽게 스르륵 잠들고 싶고, 아침에 일어나야 할 때에 자연스럽고 기분 좋게 눈이 떠진다면 어떠할까?

'캐스퍼'의 신제품인 침대 사이드 조명은 취침 시간이 되면 부드러운 빛이 서서히 어두워지면서 잠으로 유도하고, 기상 30분 전이 되면 밝기를 감지하면서 아침 해처럼 천천히 밝아진다. 그 밖의 기능, 예를 들면 음악 스트리밍이나 스마트 스피커와의 대화 등은 절대 금물이다. 오히려 잠을 방해하며 스트레스를 유발하는 불필요한 여러 기능은 철저히 배제한 것이다.

SNS에 만든 '잘 자고 싶은 고객의 커뮤니티'로 대박

'캐스퍼'가 유별나게 질 좋은 매트리스를 판매하는 것은 아니다.

기분 좋게 잘 자고 싶은 고객의 욕구를 정면으로 마주하며 매트리스와 조명을 팔면 끝이 아니라 항상 SNS 등을 이용해 고객의 의견을 수집하고 제품을 개선해나가고 있다. 다시 말해, 고객과 함께 지속적으로 질 좋은 잠을 추구하는 것이다. 이 회사의 전용 애플리케이션을 통해 자신의 수면 데이터를 제공하는 고객은 1만 5,000명이 넘고, '캐스퍼'의 SNS 팔로워는 페이스북 65만 명, 인스타그램 16만 명, 트위터 11만 명에 이른다. 이런 커뮤니티를 통해 고객과 함께 양질의 잠을 추구하고 그들을 지원해 나가는 것이 '캐스퍼'의 사명이다.

단지 합리적인 가격의 매트리스를 판매하는 데 그치지 않고 고객의 욕구를 진지하게 마주하며 해결책을 모색하는 자세야말로 '캐스퍼'의 성공 비결이다.

로빈후드
Robinhood

본사 : 멘로파크(캘리포니아)

창업년도 : 2013년

서비스 : 수수료 없는 주식 매매 서비스

사업 아이디어 : 주식이나 가상화폐의 거래 수수료를 없애고 거래
데이터를 판매

'로빈후드'의 비즈니스는 주식이나 가상화폐의 거래 수수료를 없애 무료화한 모델이다.

주식을 매매하면 거래할 때마다 수수료가 발생하는 게 상식이다. 특히 소액 매매를 반복하는 사람에게는 수수료가 무시하지 못할 만큼 부담이 된다. 수수료가 완전 무료가 되면 그것만으로도 새로운 비즈니스로서 충분한 효과를 기대할 수 있어 업계를 파괴할만한 힘을 갖는 것은 당연하다.

'로빈후드' 사이트에는 '금융 시스템은 여유 있는 사람들만의 것이 아니라 우리 같은 보통 사람들에게도 유용해야 한다. 우리는 거래 수수료를 없애기 위해 계좌 관리 인건비를 비롯해 실물 점포 운영에 필요한 다양한 낭비 요인을 제거했다'고 소개하고 있다. 여유

롭지 못한 사람들에게도 투자의 장을 제공한다는 자신감을 전하는 메시지이다.

　참고로 '로빈후드'에서는 (1달러 이상이면) 1주 미만이라도 주식을 살 수 있는 시스템도 도입했다. 어떤 기업에 투자하고 싶어도 1주의 금액이 크면 살 수 없는 사람들이 분명히 많을 것이다. 예를 들어, 아마존 주식은 1주가 3,000달러가 넘는다.* '로빈후드'라면 이 3,000달러가 없더라도 더 작은 단위로 주식 매매가 가능하며 매매 수수료는 무료이다. 이런 서비스도 시작한 것이다.

밀레니얼 세대 끌어들인 주식매매 애플리케이션의 비결

'로빈후드'는 또 아주 단순한 애플리케이션을 만들어 초보자라도 간단히 주식을 매매할 수 있는 시스템을 제공하고 있다.

　핀테크(기술을 구사한 혁신적인 금융상품 서비스의 총칭)나 온라인 주식 매매는 이제 흔한 세상이 되었다. 다만, '로빈후드'의 경우는 이 간편함이 남달라 번거로운 절차나 상세 데이터 자료 등을 대부분 제거해서 누구나 감각적으로 주식을 매매할 수 있도록 되어 있다.

　'로빈후드'의 1번 타깃은 역시나 밀레니얼 세대. 보통 스마트폰의 작은 화면에서 접속하기 때문에 컴퓨터를 전제로 한 복잡한 화면이 뜨면 바로 다른 서비스로 옮겨간다. 게다가 필요한 정보는 다른 여

---

* 2021년 2월 기준 - 옮긴이

러 사이트에서 자유롭게 얻을 수 있어 '로빈후드'가 애써서 상세 자료나 데이터를 제공할 필요가 없다.

'로빈후드'가 추구하는 비즈니스는 발신하는 정보를 되도록 최소화하되 이것을 어떻게 사용이 편리한 직감적인 고객체험(UX라고 표현한다)으로 실현하느냐가 승부를 가른다.

원래 미국인은 투자를 좋아해서 젊은이들도 자연스럽게 주식 투자를 한다. 때문에 수수료가 무료이고, 애플리케이션에서 간단히 주식 매매를 할 수 있다면 이용자 수가 급증하는 것은 당연지사이다.

2013년에 창업한 '로빈후드'는 지명도와 실적이 급상승하면서 5년 후인 2018년 이용자가 600만 명을 돌파했고, 비상장 기업임에도 불구하고 시가총액은 57억 달러 이상으로 평가받고 있다.

두 개의 수익원만으로 서비스를 유지할 수 있을까?

자, 앞에서도 여러 번 이야기했지만 이런 무료 비즈니스를 전개하는 기업은 어디서 수익을 얻는 걸까? 무척이나 궁금해진다.

'로빈후드'의 경우 수익 장치가 여럿이다. 순서대로 살펴보자.

우선 지극히 일반적인 방법부터 살펴보자. 이용자는 '로빈후드'에 계좌를 만들고 그 계좌로 입금을 한 다음, 거기서 주식 등의 매매를 하게 된다. 이때, 계좌의 모든 자금이 항상 투자금으로 쓰이는 것은 아니다. 즉 이용자가 맡긴 돈의 이자를 수익으로 삼는다. 다만 이것은 그리 큰 수익원이라 할 수는 없다.

또 하나, '로빈후드'에는 골드 계좌라는 것이 있다. 이 계좌를 이용하는 사람이 월정액 비용을 지불하면 일정 금액의 융자를 받을 수 있는 제도이다. 예를 들면, 최저 월정액 6달러를 지불하면 1,000달러까지 융자를 받을 수 있다. '로빈후드'는 이 월정액 수입과 임대 금리로 수익을 내고 있다.

하지만 이 정도 수익원으로 막대한 개발 비용과 서버 비용이 소요되는 이런 비즈니스를 유지할 수는 없을 것이다. 공동 창업자인 블라디미르 테네프(Vladimir Tenev)는 "당분간은 수익에 기대를 걸지 않고 신규 고객 확보와 기존 고객 서비스 향상을 목표로 삼아 나아갈 것"이라고 말한다.

제3의 수익원은 '고객의 거래 데이터'

보통은 이쯤에서 이야기가 끝나겠지만, '로빈후드'에는 중요한 장치가 하나 더 있었다.

2018년, '로빈후드'는 미국증권거래위원회(SEC)에 보고서를 제출했는데, 여기에서 고객의 거래 데이터를 기업에 판매하고 있었다는 사실이 밝혀졌다.

그 자체로는 법을 위반한 것도, 고객과의 규약을 위반한 것도 아니지만 투명성이 요구되는 시대에 이 사실을 '로빈후드'가 공개하지 않은 것은 이용자나 사회의 신뢰를 져버린 행위로 받아들여졌다.

창업자가 '무료로 주식 거래', '부자가 아닌 사람에게도 투자 기회를', '현재는 수익을 지향하지 않는다'는 식의 발언을 하면서 뒤에서는 이용자의 막대한 '거래 데이터'를 팔아 큰 이익을 얻고 있었다니⋯. 이미지 실추는 물론 언론 매체에서도 비난 기사가 분출했다.

그들의 비즈니스 모델 자체가 나쁜 것도 아니고, 현재 강력한 대체 서비스도 없기 때문에 이용자가 바로 이탈하지는 않겠지만 무료화의 이면에는 이런 명확한 노림수가 있었던 것이다.

고객의 거래 데이터나 업계와 상품의 동향 데이터를 판매하는 것은 '로빈후드'에만 국한된 드문 경우가 아니다. 앞으로는 AI가 본격적으로 산업에 침투될 것으로 예상된다. 그 핵심인 기계학습이나 딥러닝이라는 기술은 AI가 참조하는 빅데이터의 양과 질에서 승부가 가려진다. 많은 사람들이 이용해 데이터가 모이면 모일수록 AI의 정밀도를 높일 수 있다.

즉, AI가 사회에 더 깊이 침투하면 할수록 빅데이터의 가치는 높아진다. 때문에 앞으로 '로빈후드'처럼 데이터 판매의 대가로 무료화를 하는 비즈니스 모델은 증가할 것으로 예상할 수 있다.

버타 헬스
Virta Health

본사 : 샌프란시스코

창업년도 : 2014년

서비스 : 당뇨병 온라인 진찰

사업 아이디어 : 환자, 의사, 코치로 구성된 팀 의료를 최신 기술로
실현

'버타 헬스'의 비즈니스는 2형 당뇨병 진단을 받은 사람을 대상으로 온라인을 이용해 치료를 지원하는 모델이다. 치료에 그치지 않고 생활습관 개선을 포함해 환자를 종합적으로 지원하는 게 큰 특징이다.

당뇨병이라 하면 인슐린 주사로 대표되는 약을 투여하면서 상태를 안정시키는 이미지를 떠올린다. 이 회사는 여기에서 더 나아가 생활습관이나 식습관을 개선함으로써 약을 줄이고 건강을 되찾도록 하는 데 초점이 맞춰져 있다.

포인트는 역시 2형 당뇨병에 특화되어 있는 점이다. 철저하게 이 질병을 연구하고 분석해 다른 회사가 쉽게 흉내 내지 못하는 품질과 신뢰를 끌어낼 역량을 갖추었다.

인터넷이 보급된 이후, 특정 분야에서 1등을 점유하는 것은 아주 중요해졌다. 정보가 자유롭게 오가고 온라인을 통해 거리와 관계없이 서비스를 받을 수 있는 환경이 갖추어지면 좋은 상품과 서비스는 순식간에 소문을 타고 브랜드가 형성된다. 어떤 분야의 1등은 그래서 큰 의미를 갖게 되는 것이다.

진단은 의사가, 생활의 개선은 코치가

'버타 헬스'의 또 다른 특징은 환자는 기본이고 의사와 코치로 구성된 팀 체제로 치료와 생활습관을 개선한다는 것이다.

서비스를 신청하면 우선 전용 애플리케이션이 연동된 체중계, 혈압계, 혈당측정기 등이 집으로 배달되고 그 수치를 온라인상에서 데이터로 관리하게 된다. 동시에 올바른 식사 등 생활습관을 개선하기 위한 동영상을 보고 환자 자신이 학습하는 시스템도 갖추고 있다.

이런 환경에서 몸의 데이터를 의사가 모니터링하고 코치가 식습관과 생활습관 등을 개선하고 지원하는 형태의 모델이다.

이 서비스 중에서 핵심은 코치의 지원이다. 잘못된 생활습관에서 오는 병은 잘못된 것을 바로잡는 게 치료다. 이때, 필요한 사항을 의사도 지도할 수 있지만 그 개선 내용을 실행에 옮기고 지속하기란 어렵다.

이 부분을 담당하는 게 코치의 역할이다. 이런 역할 분담이야말로 '버타 헬스'의 서비스에 커다란 부가가치를 부여한다.

 '버타 헬스' 사이트에 따르면, 임상시험 환자 가운데 63%가 약물 치료를 끊는 데 성공했고, 94%가 인슐린을 사용하지 않거나 혹은 경감하는 데 성공했다. '버타 헬스'는 2형 당뇨병 치료의 새로운 표준을 제시하고 있는 셈이다.

AI기술로 비용 절감

 환자를 개별적으로 충분하게 지원하려면 비용의 벽을 넘어야 한다. 개개의 환자를 위한 맞춤형 메뉴를 만들어 코치가 충분히 지원할 경우 당연히 수고비와 인건비가 들어가 아무래도 고가의 서비스가 되기 쉽다.

 '버타 헬스'는 AI기술을 구사해 비용을 낮추고 꼭 필요한 부분에만 코치가 관여하는 식으로 비용 문제를 해소하고 있다. 개개인의 체질 개선 계획은 AI의 힘을 빌리고 코치와의 커뮤니케이션도 온라인 화상 전화나 채팅 등을 활용해 코치와 환자 쌍방의 시간적 부담을 낮출 수 있다. 이렇게 기술의 진화를 십분 활용해 환자를 개별적으로 대응하는 감각을 충분히 유지하면서 비용을 낮추는 방법은 AI 시대의 새로운 조류라 할 수 있을 것 같다.

 '버타 헬스'의 경우는 2형 당뇨병에 필요한 약을 줄이자(끊자)는 접근 방법을 취하고 있기 때문에 고액의 약값을 줄일 수 있는 부가효과까지 낳아 이용자에게 큰 도움이 되고 있다.

무한한 가능성의 '건강 촉진 비즈니스'

'버타 헬스'처럼 건강을 촉진하는 비즈니스는 다양한 측면에서 성장 가능성이 무한하다.

의료보험의 개인 부담이 큰 미국 사회에서 대다수 사람은 가능한 한 의사와 만날 일이 없기를 바란다. 그런 사람들에게 생활습관을 개선해서 건강한 상태를 유지하게 한다는 것은 커다란 매력이다. 따라서 의료비로 지출하는 비용에 견주어 건강 지원을 받는 게 낫다고 생각하는 사람들이 결코 적지 않을 것이다.

국가가 의료보험을 지원하는 경우는 국가 입장에서 커다란 이득이 생긴다. 국가가 부담하는 의료비가 막대하므로 생활습관을 적극적으로 개선시켜 국민 건강을 향상시킨다면 그 혜택은 실로 엄청날 게 분명하다.

이런 환경에서 '버타 헬스'와 같은 기업이 국가에서 보조금을 받거나 국가와 연대해 사회 전반의 복리후생에 기여한다면 비즈니스 규모가 한층 더 확대될 가능성이 충분하다.

MZ세대가 이끄는 혁신 비즈니스 모델

GAFA를
노리는 작은 거인들

4장

기술로 업계의 흐름을
뒤바꾼 기업들

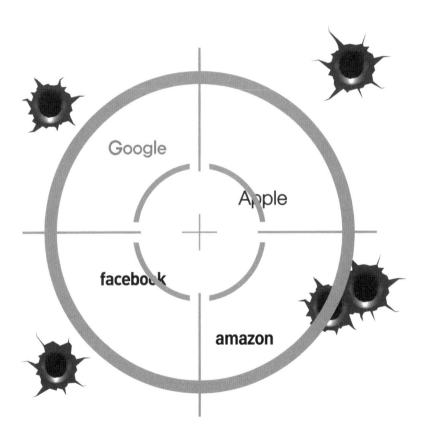

본사 : 보스턴

창업년도 : 2014년

서비스 : 미생물로 농업 효율화

사업 아이디어 : 식물의 공생 미생물을 활용해 농업의 효율성 재고

기술형 이노베이션의 파괴적 혁신기업으로 맨 처음 다룰 곳은 '인디고 애그리컬처'이다.

'인디고 애그리컬처'의 전체 비즈니스 모델을 한마디로 설명하기는 어렵지만 농작물을 더욱 효율적으로 재배하고, 그 농작물을 바이어를 통해 소비자에게 전달하는 유통의 흐름 전체를 지원하는 것이다. 농업 전반에 걸친 비즈니스를 전개하고 있다고는 하지만 '인디고 애그리컬처'의 강점은 단연코 기술혁신에 있다. 2014년 창업 이래, 종자를 처리하는 마이크로바이오 기술, 토양 샘플링 기술, 곡물 품질 검사 등 농업과 관련된 여러 선구적인 기술을 다양하게 개발해왔다.

현재 전 세계의 식량 문제는 심각하다. 8억 명 이상이 식량 부족

으로 고통 받고 있다고 한다. 9명에 1명꼴인 셈이다. 필요로 하는 사람에게 식량이 올바르게 전해지지 않아 농작물 배분과 운송, 나아가서는 식품 낭비 문제 역시 논란이 되고 있지만, 전문가들은 농업 생산성 증가율이 세계적 식량 수요 증가세를 따라가지 못하는 현실을 심각하게 지적하고 있다.

농업생산성 향상은 세계 각국이 고민하는 과제라 해도 좋을 것이다. 그렇다고 해서 어떤 수단이라도 좋으니 생산성을 끌어올리기만 하면 되는 것은 아니다. 요즘은 농작물이 건강을 해쳐서는 안 된다거나 화학비료 사용을 줄이라는, 건강을 지향하는 목소리들이 높아지고 있기 때문이다.

미생물로 새로운 농업 기술을 창출한 이노베이션

'인디고 애그리컬처'는 이런 어려운 농업 환경에서 미생물 활용에 주목했다.

농업에서 미생물을 활용하는 사례는 전혀 생소하지 않다. 미생물로 양질의 토양을 만드는 접근법은 옛날부터 자연스레 쓰여 왔다.

하지만 '인디고 애그리컬처'가 실천한 것은 지금까지의 기술과는 전혀 다르다. 바로 내부 기생균이라는 식물에 존재하는 미생물을 활용하는 기술이었다.

식물의 종자 안에는 많은 미생물이 살고 있어 식물의 성장에 영향을 미친다. '인디고 애그리컬처'는 미생물과 식물의 상호관계를 연구해 종자가 식물 성장에 유용한 미생물을 더욱 많이 갖도록 해서 농업 생산성을 향상시키고자 하는 획기적인 발상으로 기술혁신을 이룬 것이다.

보통 사람들이 상상하기 어려운 분야이지만, 기술 혁신에 따르는 연구는 그리 만만하지 않다. 식물 내부의 미생물들이 실제로 식물에 어떻게 영향을 미치고, 씨앗이 발아해 작물이 성장할 때까지 어떤 변화를 초래하는가를 연구하는 것은 정말 무한한 시간과 비용, 인내가 필요한 작업이다.

'인디고 애그리컬처'의 연구가 성공한 배경은 유전정보 관련 기술(DNA염기서열화)이 빠르게 발전하고 컴퓨터 자체의 성능이 향상됨으로써 막대한 미생물의 유전자 데이터베이스를 해석할 수 있게 된 점이 큰 영향을 미쳤을 것이다. 이 회사는 차곡차곡 쌓아온 연구 결과에 따라 현재는 목화, 콩, 옥수수, 쌀, 밀 등의 수확량을 획기적으로 증가시키는 데 성공했다.

'인디고 애그리컬처'에 따르면, 이 회사와 계약해 인디고 옥수수를 재배하는 농가는 1에이커(약 4,000㎡)당 30달러의 수익을 더 올릴 수 있다. 미국에는 1,000에이커가 넘는 농가가 드물지 않아 단순히 계산해도 수익 차이가 무려 3만 달러나 된다. 이 숫자를 보면, 많은 농업 종사자들이 '인디고 애그리컬처'와 계약을 맺어 미생물을 활용한 종자를 사용하며 다양한 기술을 도입하고 싶어 하는 게 이해가 간다.

신기술 도입의 문턱을 낮추는 시스템 구축

'인디고 애그리컬처'의 독특한 비즈니스는 농업 종사자가 부담하는 기술 사용료를 수확량의 증가에 따라 결정한다는 데 있다.

'인디고 애그리컬처'의 경영진은 "기존의 농업 지원 비즈니스는 농업 경영자에게 선불로 전액을 지불하도록 요구하고 그 다음은 농사가 잘 되도록 기원할 뿐이었다. '인디고 애그리컬처'는 씨앗을 뿌리기 전에는 고액을 지불하라고 요구하지 않고 수확량에 따라 증가한 수익에 맞는, 상응하는 몫을 받을 뿐"이라고 설명한다. 농업 종사자들이 아주 반길만한 시스템이다. 동시에 '인디고 애그리컬처'로서도 그만큼 혁신적인 기술을 빠르고 광범위하게 보급하는 기회를 잡게 되는 것이다.

'인디고 애그리컬처'의 비즈니스 모델은 확실한 기술력이 뒷받침되어야만 가능하다. 역시 다른 회사들이 흉내 내지 못하는 기술혁신이라야 단번에 업계를 파괴해버릴 정도의 파급력을 갖게 된다는 사실을 재차 입증하고 있다.

란자테크
LanzaTech

본사 : 시카고

창업년도 : 2005년

서비스 : 미생물의 가스 발효 기술

사업 아이디어 : 미생물의 힘으로 쓰레기를 자원화

'란자테크'의 기술은 한마디로 배기가스와 쓰레기에서 새로운 에너지 자원을 만들어내는 것이다. 말만 들어도 혁신성이 돋보인다.

배기가스에는 일산화탄소, 이산화탄소, 수소 등 유해한 가스가 많이 함유되어 있지만 일상생활을 하거나 공장 등지에서 무언가를 생산하면 이들 가스를 대기 중으로 방출할 수밖에 없다. 지금 전 세계가 가스 배출 삭감의 메시지와 함께 환경보호를 외치고 있는 데 역행하고 있는 셈이다.

하지만 '란자테크'의 기술은 전혀 다른 방법으로 접근한다. 배기가스를 미생물에게 먹여 발효시킴으로써 에탄올을 생성해낸다. 생성된 에탄올은 자동차 연료는 물론 항공기의 연료, 소위 바이오제트와 같은 청정에너지로 쓰인다.

그야말로 지구 환경문제와 에너지난을 단번에 해결하는 경이로운 기술이자 기술혁신으로 세상을 뒤바꿀 이노베이션이다.

땅속에서 발굴한 자원을 재생 또 재생…

'란자테크'의 사업 무대는 말 그대로 글로벌하다. 이 회사는 중국의 제철소에서 배출되는 가스를 이용해 연간 300톤의 에탄올을 제조하는 플랜트를 가동 중이며, 인도에서는 석유 회사 및 정부기관과 관련 기술을 활용하기 위한 공동 연구를 진행 중이다. 또한, 세키스이화학(積水化学)과 공동 연구를 진행해 쓰레기 처리장에서 수거된 일반폐기물을 분리하지 않고 통째로 가스로 바꾸어 에탄올을 생산하는 데 성공했다. 참고로, 엔탄올은 에틸렌으로 변환이 가능해 그 에틸렌을 사용하면 페트병과 같은 용기를 만들 수도 있다.

전 세계는 여전히 화석연료에 의존함에 따라 에너지 자원의 고갈을 겪고 있으며 동시에 지구 환경오염 문제로 시달리고 있다. 하지만 '란자테크'의 기술을 사용하면 한번 채굴한 화석 연료를 몇 번이고 재사용할 수 있다. 결국 환경을 오염시키던 탄소 자원을 새로운 연료로 재생시켜 지속 가능하게 사용할 수 있는 길을 열어놓은 셈이다.

미쓰이물산, 전일본공수 등 일본 기업들과도 제휴

화석연료 매장량이 거의 없다시피 한 일본으로서는 반가운 소식이다. 사실 '란자테크'의 CEO 제니퍼 홀름그렌(Jennifer Holmgren)은 "원료를 항상 수입에 의존하지 않아도 된다는 점에서 탄소의 재이용 기술은 일본의 미래에도 대단히 중요하다"고 말한다.

사실 '란자테크'는 일본 기업들과도 인연이 깊다. 2014년에는 미쓰이 물산을 통해 6,000만 달러를 증자했고, 2019년에는 전일본공수(ANA)가 이 회사의 기술로 제조된 에탄올을 사용한 바이오제트 연료를 구입하기로 결정했다.

이제 세계의 비즈니스 흐름에서 지속 가능성은 매우 중요한 화두이다. 항공업계도 물론 예외가 아니다. 전일본공수 역시 '지속 가능성으로 세계를 선도하며, 환경 선도 항공사를 지향한다'는 슬로건을 내걸고 있다. 이 회사의 목표에 '란자테크'의 기술은 딱 맞아떨어진다.

라이선스를 판매하는 비즈니스 모델

앞으로가 더욱 유망한 '란자테크'이지만 이 회사가 전 세계에 자사의 거대한 플랜트를 설립해 청정에너지를 대량 생산하고자 하는 것은 아닌 듯하다.

오히려 전 세계 공장에 '란자테크'의 기술을 판매해 로열티를 챙기는 비즈니스 모델을 생각하고 있다. 이 회사는 기술이전 계약을 맺은 공장이 에탄올을 만들기 시작하는 단계부터 매출의 일정액을 지불받는 식으로 가치를 올려나가려 한다.

전 세계 곳곳에 배기가스를 배출하는 공장은 무수히 많은 데 반해 산업배기량 규제는 날로 엄격해지고 있다. 규제를 받는 공장이 (예를 들면, 각국의 지원을 받으며) '란자테크'의 기술을 사용한다는 것은 지속 가능성을 절감하게 하는 현실적인 비즈니스 모델이라 할 수 있을 것이다. 자사의 소유를 늘리는 게 아니라 기술을 판매하는 이런 비즈니스가 가능한 것 역시 혁신적인 기술을 보유했기에 가능하다.

어필 사이언스
Apeel Sciences

본사 : 골레타(캘리포니아)

창업년도 : 2012년

서비스 : 식품 코팅

사업 아이디어 : 농작물의 신선도가 오래 유지되도록 파우더로 코
팅을 한다.

이번에 소개하는 '어필 사이언스'도 상당히 특이한 기술을 무기로 비즈니스를 전개하는 기업이다. 그 기술은 파우더 형태의 약제를 물에 녹인 물약을 수확한 농작물에 분사함으로써 신선도를 유지하는 것이다.

'어필 사이언스'의 홈페이지에는 흥미로운 비교 실험 결과가 실려 있다.

'어필 사이언스'의 코팅제를 분사한 레몬과 그렇지 않은 레몬을 비교하니, 50일이 지난 후 그렇지 않은 레몬은 변색되면서 시커멓게 부패되었지만 코팅제를 분사한 레몬은 수확 당시의 모습과 거의 다르지 않은 선명한 노란색을 유지했다는 내용이다.

레몬보다 더 쉽게 부패하는 딸기로 실험하면 그 결과를 더욱 확

실히 알 수 있다. 코팅되지 않은 딸기는 사흘만 지나도 곰팡이가 피기 시작하는 데 반해 코팅된 딸기는 5일이 지나도 거의 변화가 보이지 않았다.

'어필 사이언스'는 이 정도로 결정적인 차이를 보이는 코팅제를 개발했다. 그런데 이 이야기를 듣다 보면 '이렇게 위험한 것이 인체에 영향은 없을까?', '그 화학물질은 괜찮을까?'와 같은 의심이 든다. 아니 누구라도 이런 의심을 하게 될 것이다.

여기에서 '어필 사이언스'의 기술이 빛을 발한다. 이 회사가 개발한 코팅제는 완전히 자연에서 유래한 성분이다. 사람이 먹지 않는 채소나 과일의 껍질, 씨앗 등에서 오일을 추출해 원료로 사용한다. 수확된 채소나 과일과 동일한 성분을 분사하므로 안전성에 전혀 문제가 없어 미국 식품의약국(FDA)의 사용 승인도 받았다.

코팅제로 세계 식량 문제를 해결하다

창업자 제임스 로저스(James Rogers)가 코팅제의 아이디어를 생각해낸 계기는 '철에 슨 녹'이었다고 한다. 철은 산화하며 녹이 슬기 시작하는데 여기에 얇은 코팅 처리를 해서 녹이 잘 슬지 않도록 한 것이 일명 스테인리스이다. 이를 농작물에 적용한 것이다.

식품을 망치는 원인은 수분의 감소와 산화이다. 이를 방지하기 위해 안전한 얇은 막을 입힌 것이 아이디어의 핵심이었다.

제임스 로저스는 미국 식품업계의 변혁이 아니라 세계의 식량 기아 문제를 해결하고 싶어서 이 비즈니스를 시작했다고 한다. 특히 개발도상국에서는 보온 및 보냉 설비나 인프라가 부실하기 때문에 식재료를 보존하거나 운송할 수 없어 식량부족으로 고통 받는 사람들이 아직도 많다.

이런 문제를 해결하는 기술이 바로 자연에서 찾아낸 푸드 코팅이었던 것이다. 실제로 '어필 사이언스'는 수확한 작물을 냉장 보관하지 않고 선도를 유지한 상태로 소비자에게 전달하는 물류시스템을 케냐나 우간다 같은 나라에서 구축하고 있다. 선도를 장시간 유지할 수 있으면 그만큼 낭비를 줄이는 효과도 기대할 수 있다. 유엔식량농업기구(FAO)에 따르면, 매년 식용으로 수확된 작물 가운데 3분에 1에 해당하는 13억 톤이 식탁에 오르지 못하고 부패하거나 폐기된다.

'어필 사이언스'의 기술이 이런 불합리를 해결하는 데 큰 역할을 하고 있음은 분명하다.

지금은 빌 게이츠와 그의 아내 멜린다가 운영하는 '빌 앤드 멜린다 게이츠 재단'을 비롯해 많은 재단들과 벤처캐피털이 지원하고 있다. '어필 사이언스'는 이미 4,000만 달러의 자금을 모았다.

단 하나의 기술로 다양한 문제들을 해결하다

'어필 사이언스'의 푸드 코팅 기술을 사용한 작물은 현재, 레몬, 배, 복숭아, 아스파라거스 등 30종 이상에 이르며 코스트코(costco)

와 미국의 대형 슈퍼마켓 체인인 하프스 푸드 스토어(Harps Food Stores)에서도 취급하고 있다.

'어필 사이언스'의 푸드 코팅을 사용한 상품은 유전자조작 같은 기술과는 전혀 달라 특별한 표시 의무는 없다. 하지만 그래도 굳이 그 의무를 지키고 있다. 이 회사는 '어필 사이언스의 코팅된 상품'이라고 표시함으로써 오히려 상품을 차별화하고 브랜드화하고 있는 셈이다. 건강을 해치지 않는데다 자연의 맛을 살린 상품이면서 평소보다 신선도가 오래 유지되므로 부가가치가 붙는 것은 당연하다.

실제로 '하프스 푸드 스토어'에서는 푸드 코팅된 아보카도의 매출이 10% 향상했고, 상품 이익은 65%나 증가했다고 한다. 이와 함께 농작물을 코팅하는 독특한 기술로 전에는 운송하기 어려웠던 먼 거리도 신선한 농작물을 배송할 수 있게 되었다. 운송 중 냉장 보관이 필요 없다면 그만큼 비용과 에너지를 절약할 수 있다. 먹거리의 문제를 넘어 다양한 사회적 과제를 해결할 수 있는 가능성을 품고 있는 기술이라 할 만하다.

포노닉
Phononic

본사 : 더럼(노스캐롤라이나)

창업년도 : 2009년

서비스 : 반도체를 이용한 냉각기기 제조

사업 아이디어 : 반도체의 흡열 효과를 이용해 가동 부품 없이 냉각 장치를 만든다.

'포노닉'의 비즈니스는 전혀 새로운 접근법으로 냉장고를 개발해 판매하는 것이다. '포노닉'의 새로운 접근을 이해하려면 우선 우리가 사용하는 냉장고의 기본 구조를 대략 살펴볼 필요가 있다.

원래 냉장고는 컴프레서(압축기), 콘덴서(응축기), 익스팬션 밸브(팽창 밸브), 에바포레이터(증발기)라는 4개의 주요 기기로 이루어져 있다. 이를 대략적으로 설명하면 공기를 압축해 액화하고 그것을 기화를 통해 다시 공기로 되돌리는 공정으로 냉각하는 구조이다.

우선 공기를 압축해 액체로 변환시키는 것은 컴프레서와 콘덴서의 역할이고, 이때 열이 발생한다. 때문에 냉장고든 에어컨이든 냉각하는 기기에는 본체의 외측(에어컨의 경우에는 실외)에 컴프레서와 콘덴서라는 커다란 기계가 필요하다. 발생한 열을 밖으로 배출해야

하기 때문이다.

이렇게 압축, 액화된 공기를 이번에는 익스팬션 밸브(팽창 밸브), 에바포레이터(증발기)라는 기계로 팽창시켜 원래의 기체 상태로 되돌린다. 바로 기화 과정인데 이때 주위의 열을 빼앗는다. 이 성질을 이용해 냉장고라면 냉장고 안의 공기를, 에어컨이라면 실내의 공기를 차갑게 하며 이에 그치지 않고 팬 등으로 순환시키는 구조로 되어 있다.

반도체로 냉장고를 만든다고?!

이 영역에 완전히 다른 접근을 시도해 제품으로 완성시킨 것이 '포노닉'이라는 기업이다.

'포노닉'이 주목한 것은 반도체를 이용하는 방법이었다. 이 구조를 자세히 이해하기는 어렵지만 간단히 말하면, 반도체에는 열을 흡착하는 성질이 있는데 이를 이용해 냉장고와 냉각장치를 만드는 것이다. 상당히 독특한 발상이다. 물론 일반적인 반도체와는 달리 작고 효율적으로 열을 흡수하는 반도체 칩을 개발해야 했는데 '포노닉'은 이 연구에 성공했고 상품화하기에 이르렀다.

'포노닉' 냉장고의 특징은 초소형이라는 점이다. 앞서 말했던 것처럼 컴프레서 같은 덩치 큰 기기는 필요 없다. 게다가 반도체 칩은 작은 것은 엄지손톱 크기밖에 되지 않아 냉장고 자체를 아주 작고 가볍게 만들 수 있다. 이런 식으로 냉장고의 개념을 획기적으로 바꾼 것이다.

예를 들어보자. 기존의 상식으로는 식탁까지 힘들게 냉장고를 가져가서 식사를 하는 사람은 없었다. 하지만 '포노닉' 냉장고라면 가뿐하게 식탁까지 가져가서 와인 같은 마실 것을 직접 꺼내면서 식사를 즐기는 상황도 가능해진다. 실제로 바카운터 위에 '포노닉' 냉장고를 설치하는 가게도 등장했다. '포노닉' 냉장고는 컴프레서를 사용하지 않기 때문에 소음도 거의 발생하지 않는다. 식사하는 자리의 옆에서 "붕―"하는 냉장고 돌아가는 소리가 나면 신경이 쓰이는데 그럴 걱정이 없다. 또한 보통 냉장고라고 하면 가정용을 먼저 떠올리는데 실제로는 연구소나 의료 시설 등 다양한 장소에서 업무용 냉장고가 사용되고 있다.

'포노닉' 냉장고는 고장이 잘 나지 않는다는 큰 장점이 하나 더 있다. 원래 냉장고는 콘덴서 등 가동 부품이 상시 돌아가면서 성능을 발휘한다. 모터를 생각해보면 쉽게 이해가 될 텐데 기계라는 것은 작동하는 부분이 고장 나기 쉽다.

반도체의 성질을 이용한 '포노닉' 냉장고의 경우 가동 부품이 하나도 없다. 따라서 고장의 가능성을 대폭 낮출 수 있다. 가정에서도 냉장고가 고장 나면 큰일이지만 의료 현장이나 연구 시설에서 냉각 장치가 고장 나면 그야말로 인명에 영향을 미친다. 혹은 막대한 시간과 비용을 들인 연구가 모두 허사가 될 위험도 있다. 그런 의미에서도 고장이 적다는 것은 대단히 매력적이다.

제조비용의 벽을 어떻게 넘을 것인가?

'포노닉'의 냉장고는 새로운 이노베이션인 만큼 문제도 안고 있다.

무엇보다 제조 비용이다. 반도체를 사용하려면 아무래도 가격 문제가 대두된다. '포노닉'의 냉장고는 소형이라도 1,800달러, 대형은 6,500달러로 비싸다. '포노닉'으로서는 양산과 가격의 균형을 잡아 비즈니스로서 어떻게 확장시켜나갈지가 지대한 과제로 남아 있다.

하지만 기존과는 전혀 다른 접근법으로 혁신을 꾀하는 기술은 큰 기대를 갖게 한다. 아직 그 수준에는 이르지 못했지만 예전의 전구나 형광등이 LED로 대체되었듯, 혹은 리튬이온전지 덕분에 각종 모바일 디바이스가 보급되었듯, '포노닉'의 냉각 시스템이 사회에 더욱 강력한 파급력을 미칠 가능성은 거의 무한하다 하겠다.

임파서블 푸드
Impossible Foods

본사 : 레드우드 시티(캘리포니아)

창업년도 : 2011년

서비스 : 식물을 사용한 대체 고기 제조

사업 아이디어 : 바이오 기술을 활용해 실제와 비슷한 차세대 대체
고기를 만든다.

'임파서블 푸드'의 비즈니스는 상당히 이해하기 쉽다. 식물에서 나온 소재를 사용해 진짜와 똑 닮은 대체 고기를 만드는 것이다. 미국인이 즐겨 먹는 햄버거의 패티가 그 고기로 만들어져 상품으로 판매되고 있다.

물론 지금까지 대체 고기 개발이 활발히 이루어져 콩 등을 사용한 햄버거는 이제 그리 신기하지 않다. 하지만 '임파서블 푸드'가 제공하는 햄버거는 흔한 대체 고기처럼 색이 하얗지 않고 붉은 색에 육즙도 풍부해 맛과 식감 모두가 진짜 고기 같다. 사진만 보면 진짜와 거의 차이가 없다. 2019년 1월에 발표된 신제품 '임파서블 버거 2.0(Impossible Burger 2.0)'에서는 철분과 단백질의 함유량을 같은 양의 고기와 같게 만들어 진짜 고기나 다름없었다.

식물 소재를 쓰는 덕분에 유대인용 코셔(유대교인들의 청정 식품) 인증과 무슬림용 할랄(이슬람법에서 허락하는 음식) 인증을 받았다는 것도 상당히 독특하다.

'임파서블 푸드'는 햄버거 체인인 버거킹과 제휴해 '와퍼(Whopper)'라는 히트상품 브랜드를 사용해 '임파서블 와퍼(Impossible Whopper)'라는 상품을 개발했다. 미국 전역의 버거킹에서 구입이 가능하다. 식물성 원료로 소고기와 다를 바 없는 맛에 식감과 모양이 거의 같은 햄버거를 만드는 것은 건강한 이미지를 줄 수 있어 채식주의자들에게 큰 호응을 얻고 있다.

전 세계 온실가스의 약 20%는 축산 폐수에서

'임파서블 푸드'의 홈페이지에서는 환경 보전 공헌도 크게 강조하고 있다. 사실 축산, 특히 소고기를 생산한다는 것은 환경 파괴가 심한 산업으로 알려져 있다. '임파서블 푸드'가 공개한 데이터에 따르면, 기존의 간 쇠고기를 사용한 경우에 비해 '임파서블 버거'는 물 사용량이 87% 줄어들었고 토지 사용은 96%, 온실가스 배출량은 89%, 수질오염 물질은 92% 감소했다고 한다. 그만큼 환경 파괴를 줄이고 있다는 이야기다.

캐나다의 한 대학 연구팀도 소고기 생산과정에서 온실가스 배출량이 엄청나다는 자료를 발표했으며, 전 세계 온실가스의 18%가 축산과 관련이 있고, 그중에서 78%가 소고기 생산에서 나온다는 연구

결과도 있다. '임파서블 푸드'처럼 소고기를 사용하지 않고 식물성 소재로 바꾸는 것만으로도 지구환경 보호에 도움이 된다는 뜻이다. 여담이지만 온실가스라 하면 자동차 배기가스를 떠올리는 사람도 많을지 모르겠다. 소고기 생산 전 과정에서 운송 시에 발생하는 온실가스가 차지하는 양은 고작 5%에 불과하다고 한다. 소고기 생산은 그만큼 환경에 부담을 주는 사업이다.

먹거리의 안전에 어떻게 대처할 것인가?

이렇게 새로운 식품이 탄생할 때는 반드시 안전성 여부가 논란이 되기 마련이다. '임파서블 버거'도 예외는 아니다.

'임파서블 버거'의 경우 고기 특유의 풍미, 식감, 색을 구현하는 것은 '대두 레그헤모글로빈(Soy Leghemoglobin)'이라는 식물성 단백질이다. 과연 이 단백질의 안전성은 믿을 수 있는가가 논란의 화두이다.

미국 식품의약국(FDA)은 '대두 레그헤모글로빈'을 색소첨가물로 인가하고 있어 일단 안전성은 보증되어 있다. 하지만 비영리조직인 식품안전센터(CFS)는 이를 인정하지 않고 있는 등 곳곳에서 논쟁을 불러일으키고 있다.

식품에 관한 새로운 기술의 경우는 이런 문제들을 피할 수 없어 안전에 대한 믿음을 주고 인지도를 넓혀가는 외에 다른 도리가 없다. 다만, 식품 이노베이션의 흐름을 멈출 수는 없기 때문에 다양한 대체 식품이 우리 식탁에 오르는 일은 빈번해질 것이다.

본사 : 레드우드 시티(캘리포니아)

창업년도 : 2013년

서비스 : 보안 검사

사업 아이디어 : 인증받은 화이트 해커 약 1,500명을 활용해 취약
성을 진단한다.

기술형 파괴적 혁신기업의 마지막 편은 '사이낵'이라는 회사이다. '사이낵'의 비즈니스는 보안 검사이다.

지금까지 이 책에서 다양한 파괴적 혁신기업을 다루었는데, 모두 정보기술의 힘을 빌리고 있음은 다시 강조할 필요가 없을 것이다. 지금은 디지털 기술 없이 비즈니스도 사회 유지도 개인 생활도 어려운 세상이다. 하물며 다양한 정보 처리나 연구개발에는 더욱 그렇다.

뒤집어 생각하면 인류는 디지털 공격을 받을 위험에 항상 노출되어 있으며, 그 위험은 날로 커지고 있다. 국방이든 인프라든 지자체나 기업의 정보관리, 개인의 프라이버시 등 모든 면에서 보안은 중요한 과제가 되었다.

해커 선별에는 세심한 주의가 필요하다

'사이낵'이 실시하는 모의해킹(Penetration testing)은 전 세계 약 60개 국에 흩어져 있는 1,500명 이상의 화이트 해커 중에서 매년 60~80 명을 선발해 24시간 체제로 7일 동안 대상이 되는 네트워크 시스템 이나 애플리케이션 등의 취약성을 철저하게 공격하고 검증한다.

통상적인 모의해킹은 보통 여러 명의 담당자가 하기 때문에 '사이 낵'의 규모는 압도적이다. 최고 매출 책임자인 짐 하이만은 "우리가 제공하는 서비스는 모의해킹의 세계에 파괴적 창조를 가져 온다" 며 자신감을 드러냈다.

그만큼 영향력이 있는 게 분명하지만 여기서 중요해지는 것은 뭐 니 뭐니 해도 화이트 해커의 선별과 관리일 것이다. '사이낵'에서는 전 세계를 대상으로 우수한 화이트 해커를 상시 발탁하고 있지만 그 선별 기준이 상당히 까다롭다.

우선 기술이 뛰어나야함은 말할 필요가 없지만 여기에 2중, 3중 으로 신원 조사를 하고, 경력 등의 배경도 엄격하게 검토한다. 페이 스북, 트위터 등 SNS 상의 발언을 체크하고 여권이나 사회 보장 번 호도 의무적으로 제시해야 한다.

정부나 기업 등은 기밀 수준이 높은 보안 체크를 담당하므로 그 만큼 엄밀하게 신원을 확인하는 것은 당연하다. 참고로 '사이낵'의 테스트에 뽑히는 사람은 전 세계 인재들 가운데서도 8%에 불과하 다고 한다. 실제로 시험적으로 공격을 하는 경우에는 '사이낵'이 준 비한 'Hyrda'라는 테스트 툴을 사용하도록 의무화되어 있고 시스템에 침입할 때도 '사이낵'이 설정한 액세스 포인트를 반드시 통해야 한다. 이는 '사이낵' 측이 화이트 해커들의 움직임을 상시 감시해 클라이언트의 데이터를 훔치는 일이 없게 하려는 방편이다.

이는 곧 '사이낵'의 생명줄이다. 만약 모의해킹에 참가한 해커 가운데 범죄행위가 발각되면 바닥부터 신뢰가 무너지기 때문이다. 그런 의미에서 상당히 독특하고 대담한 비즈니스를 전개하는 기업이라 할 수 있겠다.

미 국방부와 미 국세청에서도 도입

'사이낵'의 모의해킹과 취약성 검사는 미국 국방성이나 국세청에서 도입했으며 세계적 대형 금융기관이나 결제 사업자, 유통 관계기업에서도 쓰이는 등 활동 무대는 그야말로 글로벌하다. 2018년 일본에서 가상화폐가 부당하게 유출된 적이 있는데, 피해액이 580억 엔에 달했다는 충격적인 뉴스가 있었다. 2019년에는 전 세계의 가상화폐 관련 사기나 도난 피해액이 44억 달러에 달하는 것으로 알려져 있다.

세계가 디지털 툴로 연결된 현대 사회에서 사이버 보안은 필요불가결하며 가장 중요한 영역으로 꼽을 만하다. 파괴적 혁신기업으로서 업계에 지속적으로 영향력이 커지고 있는 '사이낵'은 앞으로 더 주목해야 할 기업이다.

MZ세대가 이끄는 혁신 비즈니스 모델

GAFA를
노리는 작은 거인들

5장

창업의 비결: 작게 시작하고, 영리하게 배워라

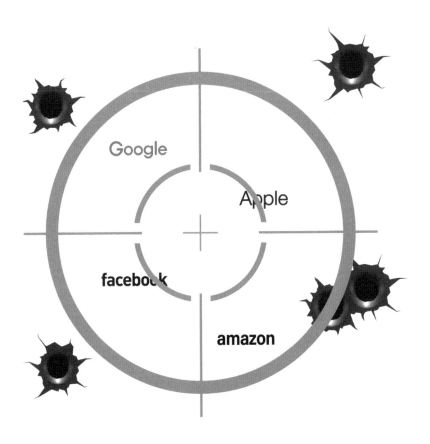

지금까지 이 책에서는 파괴적 혁신기업을 플랫폼형, 비즈니스 모델형, 기술형의 3가지로 구분해 검증해왔다. 독자들은 각각의 기업에 나름의 사정이나 비즈니스 환경이 있고, 다양한 아이디어와 전략이 있음을 이해했으리라 생각된다.

이런 차이를 보는 게 상당히 흥미롭지만 한편으로 이들 파괴적 혁신기업을 자세히 살펴보면 몇몇 공통점이 있고 거기서 배울만한 포인트를 도출할 수도 있다.

지금 이 시대에 업계를 파괴할 정도의 영향력이 있는 기업에는 대체 어떤 공통점이 있는 걸까? 이번 장에서는 3개의 질문으로 키워드를 추출했다.

Q1 업계 파괴를 주도하는 주역은 누구인가? → 밀레니얼 세대
Q2 새로운 시대의, 그리고 비즈니스의 가치 기준이란? → 지속 가능
Q3 이노베이션, 성공의 방정식은? → 린 스타트업

이 세 개의 관점에서 파괴적 혁신기업의 이노베이션 트렌드를 분석하고 우리가 배워야 할 본질을 고찰해보자.

창업자의 40% 이상이 밀레니얼 세대

어느 시대든 낡은 문화를 타파하는 혁신은 새로운 세대에서 나온다. 먼저 요즘 잇따라 화제를 불러일으키고 있는 '파괴적 이노베이션'의 주역을 생각해보자.

'2019년도 파괴적 혁신기업 50'에 등장하는 세계적 수준의 스타트업 50개사는 어떤 인물이 설립했는지 공동 창업자를 포함해 조사해보니 흥미로운 점이 있었다. 창업자(공동 창업자) 118명 가운데 무려 48명(41%)이 1981년 이후에 태어난 밀레니얼 세대였던 것이다. 정치 세계에서는 아직 베이비부머가 바위처럼 실권을 쥐고 있어 'OK, 부머'라는 조롱하는 말이 세계적인 유행어가 되었지만 경제의 주역은 이미 밀레니얼 세대로 이동하고 있다는 뜻이다.

2020년 현재 미국은 밀레니얼 세대가 전체 인구 3억 2,800만 명 가운데 과반수가 넘는 1억 7,300만 명으로 인구 대비 53%에 이른다. 소비 인구를 따져도 대부분의 기업들이 밀레니얼 세대를 강하게 의식한 비즈니스를 전개하고 있음은 틀림없다. 참고로 2020년의 일본은 전체 인구 1억 2,600만 명 가운데 밀레니얼 세대가 4,700만 명으로 인구 대비 38%이다. 미국보다 상당히 고령화가 진행되고 있음을 알 수 있다.

밀레니얼 세대의 가장 큰 특징은 어렸을 때부터 디지털 문화를 가까이하며 자란 '디지털 네이티브'라는 점이다. 이 세대를 더 상세히 분석하면 '인터넷이나 휴대전화와 함께 자란 Y세대(1981~1995년생)'와 더욱 진화해 '스마트폰이나 SNS와 함께 자란 Z세대(1996~2010년생)'로 분류할 수 있다.

　기술의 급격한 발전은 사람들과 깊은 관계를 맺고 자유롭고 다양성을 중시하는 젊은이들을 쏟아냈다. SNS에서 실시간으로 정보를 얻고, 자신도 SNS를 통해 정보를 발신한다. 타자와의 관계나 공감을 중요시한다. 가치관의 강요를 혐오한다. 환경보호나 사회공헌 의식이 강하다. 제품보다 경험을, 돈보다 시간을, 다기능보다 간결을, 고가의 브랜드 제품보다 자신에게 맞는 온리원(only one)을 우선시하며 그런 가치관과 행동 양식을 갖춘 세대이다. 파괴적 혁신기업들은 그들의 커뮤니케이션 스타일이나 라이프스타일, 나아가 구매 행동과 가치관 등을 주의 깊게 바라보고 있다.

밀레니얼 세대를 의식한 '캐스퍼'의 전략

　이 책 91쪽에서 소개한 '캐스퍼'는 5명의 공동 경영자 모두가 밀레니얼 세대라서 그 세대의 소비 지향을 숙지해서 훌륭하게 서비스에 활용하고 있다. 이들은 고급품이나 복잡한 상품 전시가 아니라 '숙면'에 초점을 맞춰 기분 좋은 잠을 돕는 매트리스를 개발했다.

　제품은 온라인에서만 판매한다. 예전이라면 실제로 만져보고 누워보는 게 당연할지 모르겠다. 이런 문제는 100일 동안 무료로 사용해본 뒤 마음에 들지 않으면 반품하는 서비스로 보완해 해결했다. 이 회사는 SNS 등을 통한 소비자들의 정보 교환이 온라인 쇼핑의 문턱을 낮추는 시대적인 변화상에서도 큰 도움을 받은 듯하다.

그림1 2020년 인구 피라미드와 세대 명칭

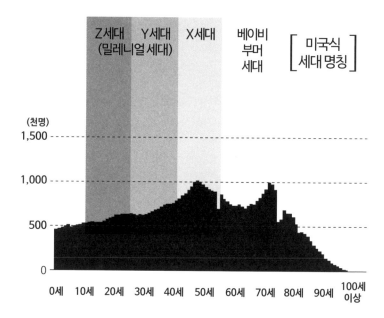

Z세대
(밀레니얼 세대)

Y세대

X세대

베이비
부머
세대

[미국식
세대 명칭]

(천명)
1,500
1,000
500
0

0세 10세 20세 30세 40세 50세 60세 70세 80세 90세 100세
이상

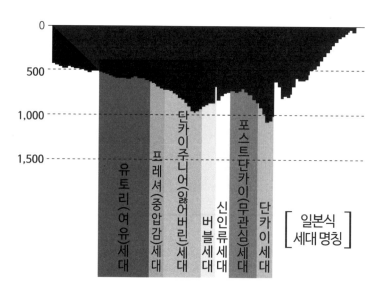

0
500
1,000
1,500

유토리(여유)세대

프레셔(중압감)세대

단카이주니어(잃어버린)세대

버블세대

신인류세대

포스트단카이(무관심)세대

단카이세대

[일본식
세대 명칭]

앞에서도 말했지만, '캐스퍼'의 페이스북 팔로워는 65만 명이 넘고, 대부분의 팔로워가 리뷰를 써서 소비자들 사이에 활발하게 커뮤니케이션이 이루어진다. 거의 모든 코멘트나 질문에 '캐스퍼'가 직접 답변해 고객과의 관계를 키우고 있고, 결과적으로 SNS의 글쓰기 코너가 상품 설명과 홍보 역할로 직결되고 있다.

인스타그램이나 트위터도 팔로워가 10만 명을 넘어 SNS마다 특징을 살린 커뮤니케이션이 견고하게 이루어지고 있다. 팔면 그만이 아닌, SNS 등을 통해 이용자와 지속적으로 관계를 유지하는 게 '캐스퍼'의 특징이자 밀레니얼 세대의 장점이 아닐까. 이것이 바로 매장에서 전시하고 판매하는 기존의 매트리스 판매업자들과 크게 다른 점이다.

폭력도 아니고, 부도 아니고, 지식도 아니다

밀레니얼 세대는 당연하다는 듯 다양한 정보 교환을 하며 많은 사람들과 감정을 나누고 때로는 행동을 함께 한다. SNS의 키워드는 '공감'이다. 비즈니스를 구축하는 데 있어 공감은 가장 중요한 주제가 되어가고 있다.

미국의 미래학자 앨빈 토플러(Alvin Toffler)는 자신의 저서 《권력 이동(Power shift)》에서 "인류의 진화와 함께 권력의 원천이 변해 왔다"고 말한다. 옛날에는 폭력이 유일한 힘의 원천이었다. 폭력(혹은 폭력을 배후에 둔 권력 또는 사법권력)을 소유함으로써 사람들을 움직이고 강력한 영향력을 발휘한 시대가 있었다. 하지만 산업혁명으로 새로운 힘의 원천이 생겨났다. 바로 '부'이다. 돈으로 폭력을 살 수 있게 되자 부는 폭력을 능가하는 힘의 원천이 되었다. 정보 혁명의 시대로 접어들자 '지식'이 제3의 힘의 원천이 되었다. 지식과 정보가 있으면 부를 창출할 수 있으며 영향력을 행사할 수도 있다. 토플러는 '폭력→부→지식'의 권력 이동이 일어났음을 설명하고자 했던 것이다.

하지만 토플러가 《권력 이동》을 저술한 1990년에서 시간은 또 흘렀다. 구글의 등장으로 전 세계인이 인터넷상의 정보와 지식에 접근할 수 있게 되었고 지식의 부가가치가 상대적으로 낮아진 것이다. 사람들이 SNS로 깊게 연결된 세상이 생겨나면서 새로운 힘의 원천이 등장했다. 바로 사람들의 기분과 집단적인 감정을 불러일으키는 '공감'의 힘이다.

정치든 경제든 투명한 시대에서 정보를 은폐하기 어려워지는 동시에 사람들의 유대관계가 가시화됨에 따라 공감의 중요성은 날로 커져왔다. 이런 패러다임의 전환을 나는 '소셜 시프트(Social Shift)'라고 부른다. 여기서는 밀레니얼 세대의 특징으로 거론했지만 바야흐로 세대를 초월한 커다란 조류라 할 수 있을 것이다.

'공감'이야말로 가장 중요한 비즈니스 자원

사람들의 공감을 비즈니스에 훌륭하게 활용한 예가 88쪽에서 다룬 '띵스'이다. 생리대가 필요 없는 생리용 팬티를 개발해 판매하고 선풍적인 광고전략으로도 화제를 불러일으킨 기업이다.

원래 '띵스'는 클라우드 펀딩으로 자금을 모으거나 팬을 확보했는데 목표액은 5만 달러였지만 훨씬 많은 6만 5,000달러를 모으는 데 성공했다. 클라우드 펀딩이라는 시스템 자체가 공감한 사람이 돈을 제공하는 것이므로 그야말로 새로운 권력 이동을 상징한다.

'띵스'가 클라우드 펀딩에서 가장 큰 인기를 얻은 것은 생리에 관해 공감을 불러일으킨 유머가 넘치는 동영상이었다. '어떤 고민과 애로 사항이 있는가', '그것을 해소해 줄 만한 속옷이 하나도 없다!' 처럼 생리를 하는 여성의 현실을 유머러스하게 묘사하고, 나아가 새로운 상품을 만들어나가는 과정도 공개함으로써 많은 여성들의 공감을 얻었다.

뿐만 아니라 '띵스'는 개발도상국의 생리용품 부족, 생리 빈곤 등에 대해서도 문제의식을 가지고 있으며 이런 의식이 창업의 계기가 되었다는 메시지도 아울러 발신하고 있다. 이런 사회적 의미의 메시지와 사회 공헌 역시 많은 공감을 불러일으켜 결과적으로 기업을 지탱해주는 철학으로서 팬을 끌어 모으는 요인이 되었다.

참고로, '띵스'의 창업자 미키 아그라월은 기업인뿐 아니라 페미니스트와 미래 구상자로도 활약하고 있다. 그녀가 사내에서 벌인 돌발 행동이 매스컴을 타기도 했지만 그녀는 바로 다음 사업인 비데 스타트업을 창업하기도 했다. 게다가 같은 시기에 임신과 출산까지 하는 등 그녀의 대담하고 파워풀한 행동은 줄곧 세간의 이목을 집중시켜 왔다.

시장을 변화시키는 밀레니얼 세대의 라이프스타일

밀레니얼 세대의 라이프스타일 변화도 비즈니스에 큰 영향을 미치고 있다. 집에서 밥을 하지 않거나 온라인으로 주문하는 경향을 대표적인 사례로 들 수 있다.

이 책에서도 '도어대시'(55쪽)나 '우버이츠' 같은 음식 배달 기업을 다루었지만, 2018년에 실시한 UBS그룹(스위스 최대 은행 그룹)의 조사에 따르면 밀레니얼 세대는 부모 세대에 비해 3배나 온라인 주문을 많이 한다는 결과가 나왔다.

이 보고서는 자신의 취미나 흥미에 시간을 할애하고 싶어 하는 밀레니얼 세대의 성향 때문에 직접 요리를 하는 습관은 언젠가 사라질 거라고 지적한다. 보고서가 나온 2018년 당시 온라인 음식 배달 서비스는 350억 달러 규모였지만 2030년에는 10배로 불어날 것이란 예측도 나온다. 정말 엄청난 규모다.

미국에서 인기를 끌고 있는 멕시칸 패스트푸드 체인점 '치폴레(Chipotle)'는 '도어대시'와 계약을 맺으면서 배달 매출이 667%나 급상승했다고 발표한 바 있다. 이 숫자는 배달 시스템만 있으면 배달 매출은 비약적으로 상승한다는 사실을 증명한다.

음식 배달 외에 이 책에서 다룬 P2P금융 기업 '소파이'(48쪽), 온라인 수업을 하는 '유다시티'나 '코세라'(69쪽), 여성을 대상으로 투자 지원을 하는 '엘레베스트'(82쪽), 수수료 없이 주식투자를 하는 '로빈후드'(96쪽), 대체 고기를 만드는 '임파서블 푸드'(125쪽) 등은 분명히 밀레니얼 세대를 겨냥한 기업들이다. 결국 밀레니얼 세대의 성향과

라이프스타일의 변화를 의식한 제품 서비스는 폭발적으로 늘어나게 될 것이다.

지속 가능성이 이노베이션을 창출한다

이번에는 밀레니얼 세대의 가치관 변화에서 가장 폭넓게 영향을 미치는 '지속 가능'에 대해 이야기하고자 한다. 이 키워드는 새로운 세대일수록 높은 관심을 갖는다. 지구가 망가져 가는 게 젊은 세대에게는 그야말로 '나의 일'로 받아들여지기 때문이다. 스웨덴 소녀 그레타 툰베리(Greta Thunberg)가 '유엔 기후행동 정상회의 2019'에서 했던 연설은 밀레니얼 세대가 공통적으로 품고 있는 위기의식의 상징이 되었다. 유엔이 지속 가능한 개발 목표를 정해 주도하고 있는 SDGs(Sustainable Development Goals)의 영향도 있지만, 지속 가능은 이제 전 세계 기업의 표어가 되기 시작했다.

이 책에 등장하는 기술형 파괴적 혁신기업은 바로 그런 흐름을 주도하는 곳들로, 지구 환경 보호와 에너지 문제 같은 지속 가능한 요소와 밀접하게 연결되어 있다. 113쪽에서 다룬 배기가스를 에탄올로 전환해 재이용하는 '란자테크'의 사업이 대표적이다. 이 회사는 '슬기로운 탄소(carbon smart)'라는 슬로건을 내걸고 탄소를 재활용해 환경파괴를 차단하는 꿈을 실현하고 있다. 여기에서 특별한 것은 무(無)에서 뭔가를 창출하는 기업이 아니라 배기가스에서 다른 에너지나 자원을 창출하는 순환 이노베이션을 사업화함으로써 환경문제에 공헌하는 데 있다.

예를 들어보자. 어떤 제철소가 가볍고 튼튼한 철제품을 만들어 항공기 기체의 일부로 제공한다. '란자테크'는 그런 공정을 파고 들어가 제철소에서 배출되는 배기가스로 에탄올을 만들어 새롭게 '바이오 제트'라 불리는 항공기 연료를 만든다. 에탄올은 합성섬유나 플라스틱, 고무 등으로도 가공할 수 있기 때문에 항공기의 다른 부품의 소재로도 이용할 수 있다. 기존의 사이클은 그대로 두고 무리하지 않으면서 지속 가능을 실현하는 게 바로 '란자테크'의 특징이다.

공감을 자아내려면 '지속 가능'은 필수

109쪽에서 다룬 '인디고 애그리컬처' 역시 자사 홈페이지에서 자연의 미생물학과 디지털 기술로 '생산자의 수익성', '환경 지속 가능성', '소비자의 건강'을 개선한다'고 분명하게 선언하고 있다. 그들이 주력하는 활동에 '테라톤 이니셔티브(Terraton Initiative)'라는 것이 있는데, 이는 '1조 톤', 즉 '1테라톤'의 이산화탄소를 절감하겠다는 도전이다.

앞서 말했듯 '인디고 애그리컬처'는 농업과 관련된 종합기술 기업이다. 광활한 농장의 토양을 개선하고 탄소량을 조절함으로써 대기 중에 있는 1테라톤의 이산화탄소를 줄이겠다는 목표 아래 활동하고 있다.

4장에서 다룬 '어필 사이언스'(117쪽)나 '임파서블 푸드'(125쪽)는 자신들의 상품을 선택하는 것이야말로 지속 가능한 활동의 하나며 지구 환경보호에 기여한다는 메시지를 강조한다. '어필 사이언스'의 경우 채소와 과일을 코팅함으로써 장시간 보관하는 기술을 내세우고 있다. 예를 들면 자사의 아보카도를 선택하는 것만으로 식품 낭비가 줄고, 결과적으로 23리터의 물을 절약할 수 있으며, 스마트폰을 9번 충전할 수 있는 에너지가 절약된다고 설명하고 있다. 자사의 상품을 선택하는 소비 자체가 지속 가능한 활동이라는 것이다.

'임파서블 푸드'도 마찬가지로 식육을 생산하기 위해 삼림이 벌채되고 목초지로 변하면서 탄소 방출량이 더욱 증가하고 생물의 다양성이 훼손된다는 점을 지적하고 있다.

테니스 선수인 세리나 윌리엄스는 '임파서블 푸드'에 투자하며 "식물 기반의 식사는 나와 환경 모두를 더욱 건강하게 한다"고 말한 바 있다.

바야흐로 '지속 가능'은 전 인류가 공유하고 있는 미션이다. 밀레니얼 세대는 이런 기조 아래 엄격한 잣대로 기업과 상품을 선별하기 시작했다. 대담하게 지속 가능한 사업으로의 전환을 천명하고 사람들의 공감을 얻는 게 기업의 생존을 건 선택이 되는 시대가 되었다.

'린 스타트업' = 낭비를 없애고 창업하다

자, 마지막 키워드는 '린 스타트업(Lean Startup)'이다. 잇따라 파괴적 혁신기업을 창출하는 새로운 성공 방정식의 이해를 돕는 해설이라고 할 수 있겠다.

린 스타트업은 2008년 미국의 벤처 창업가 에릭 리스(Eric Ries)가 만든 개념으로, 새로운 사업의 성공 가능성을 높이는 경영 방법론이다. 원래 '린'은 낭비가 없음을, '스타트업'은 신규 사업을 창업하거나 진출하는 것을 의미한다. 린 스타트업을 직역하면 '낭비가 없는 창업'이 된다.

미국의 초기 투자 자금 운용사인 와이 콤비네이터(Y Combinator)의 창업자 폴 그레이엄(Paul Graham)에 따르면, 스타트업의 성공률(여기서 말하는 성공의 정의는 시가총액 4,000만 달러 이상)은 7%밖에 되지 않으며, 더구나 유니콘 기업(시가총액 10억 달러 이상)으로 도약할 확률은 0.3% 정도에 불과하다. 0.3%라는 숫자가 말하듯 새로운 사업을 크게 성장시키는 것은 대단히 어려운 일이다.

이렇게 어려운 미션에서 어떻게 낭비를 줄여가며 성공 확률을 높일 수 있을까? 린 스타트업의 방법론을 통해 이 질문을 풀어보자.

스타트업에는 다음과 같은 5개의 단계가 있다. (그림2 참조)

①단계인 '과제 해결 적합성'(PSF : Problem Solution Fit)은 세상에 존재하는 과제를 발견하고, 이 과제를 해결하기 위한 상품이나 서비스의 아이디어를 도출하는 단계이다.

예를 들어, 이 책 52쪽에서 소개한 '트럭의 우버'로 불리는 '콘보이'라는 기업이 있다. 이 회사는 트럭 운송 시 돌아올 때 짐받이가 비어 있는 경우가 많다는 물류업계의 고민에서 과제를 발견했고, 동

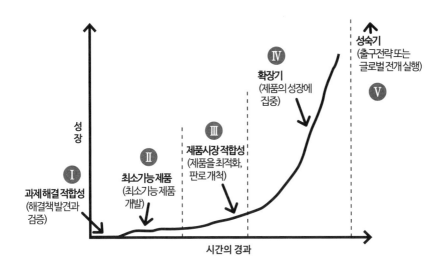

그림2 스타트업 5단계

시에 물류업계 사람들은 상시 운반해줄 수 있는 트럭을 찾고 있다는 사실도 찾아냈다. '콘보이'의 비즈니스 아이디어는 이 두 고민을 잘 조합해서 양자의 고민을 해결하고자 하는데서 나왔다.

'과제 해결 적합성'을 좀 더 자세히 설명하면 기획한 해결책의 시제품을 제작하고, 고객 반응을 통해 그 해결책이 과제와 일치하는지 확인하는 단계라 할 수 있다. 이때 시제품은 고객이 기능을 확실하게 상상할 수 있는 수준이어야 한다. 즉, 제품이나 서비스를 마치 실존하는 듯한 이미지로 제작한 간단한 웹사이트나 팸플릿, 동영상을 말한다. 직접 사용할 수 없어도 상상을 통해 그 욕구를 충족시키는 게 핵심 포인트이다.

시제품을 여러 고객들에게 보여주고 필요한 최소한의 기능과 지불 가능한 가격을 묻는다. 과제와 해결책이 완전히 들어맞을 때까지 시제품을 계속 수정하고 보정한다.

다시 정리하면, ①단계인 '과제 해결 적합성'은 인터뷰로 접근하는 게 기본이지만, 신규 사업으로 세운 가설을 검증해 비즈니스 아이디어로 확고히 하는 단계를 의미한다.

지금까지 창업했던 사례를 보면, 경쟁사에 뒤처지지 않기 위해 이 단계에서 가장 빨리 아이디어를 구체화해 가장 빨리 출시한다는 방침 아래 제품 개발에 착수하고 완성되면 언론에 공개하는 단계를 밟아왔다.

예를 들어, '콘보이'는 미국 전역에서 사용 가능한 범용성이 뛰어난 시스템을 제작한 후 많은 지역에서 물류 사업자와 트럭 운송 관계자 등을 대상으로 홍보와 선전을 거듭하며 지명도를 높여가는 식으로 트럭 운송 서비스 중개 비즈니스를 전개했다.

하지만 여기에는 막대한 자금과 시간이 소요된다. 그리고 무엇보다 한 번에 완벽한 비즈니스 모델이나 시스템 툴을 완성시키는 게 거의 불가능하다. 이런 식으로 흘러가다 보면 대부분 시장에 출시는 했지만 이용자의 만족을 얻지 못하고 단골 고객도 확보하지 못하는 결과를 얻는다. 그렇다면 당연히 접근법을 변경하거나 수정해야 하는 데 또다시 막대한 자금과 시간이 필요해 제품에 주저앉는 경우가 허다하다.

기존의 방법대로라면 대부분 제품의 경우 완성까지 적어도 3회 정도의 버전 업이 필요했다. 마이크로소프트는 윈도우1.0을 1985

년에 발매했고, 이후 1987년 윈도우2.0을 거쳐 1990년에 발매한 윈도우3.0으로 겨우 세상의 인정을 받기 시작했다. 애플의 아이폰(iPhone) 역시 1세대 아이폰(2007년), 2세대 아이폰3G(2007년)를 거쳐 아이폰3GS(2009년)에 이르러서야 소비자들이 구매하고 싶은 제품이 되었다.

마이크로소프트나 애플처럼 뛰어난 기업들조차 제품과 시장이 맞아떨어져 판매량이 급증하기까지 숱한 시행착오를 겪었고, 그 과정에다 그야말로 거액의 자금을 쏟아 부어야 했다.

린 스타트업은 이런 '통 큰 도박' 같은 과정은 포기하고, 초기 단계에서 작은 가설과 검증을 반복하며 여러 번의 방향 전환을 통해 확신이 서면 그때 사업의 규모를 키운다.

즉, 작고, 빠르고, 싸게 실패하고, 그 실패에서 철저히 배운다는 게 린 스타트업의 기본 발상이다.

돈을 들이지 않고 '작은 가설의 검증'을 반복하다

②단계의 '최소 기능 제품'이란 말 그대로 최소한의 필요한 기능만을 갖춘 실험적인 제품을 만드는 단계이다. 시제품(prototype)과 최소 기능 제품은 어떻게 다를까? 시제품은 이용자가 기능을 상상해 이해할 수 있는 데 반해, 최소 기능 제품은 이용자가 기능을 체험할 수 있는 수준을 의미한다.

다음 ③단계의 '제품 시장 적합성(PMF : Product Market Fit)'이란 최소

기능을 갖춘 상품이나 서비스를 한정적으로 출시해, 이용자의 피드백을 기반으로 시장이 받아들이는 제품이 될 때까지 몇 번이고 개선을 반복하는 것이다. 앞서 소개한 트럭 운송 서비스 중개라면, 우선은 무료로 운용할 수 있는 웹사이트를 만들고 문자나 전화를 이용해 인력으로 중개 작업을 한다. 그것도 지극히 한정된 지역만 대상으로 말이다. 예를 들어, 트럭을 두세 대 정도 소유한 작은 운송 회사와 계약을 맺고, 고객도 지인이나 SNS 친구에게 부탁해 구한 다음 시험적으로 이용을 의뢰하는 선에서 시작하는 것이다.

포인트는 중개한 양쪽으로부터 철저하게 피드백을 받고, 그 피드백을 통해 문제점을 거듭 개선해 나가며 경우에 따라 방향을 전환(피벗이라 한다)하는 것도 두려워할 필요가 없다.

③단계 '제품 시장 적합성'의 통과 기준으로 사용되는 것 중에 '션 엘리스 테스트(Sean Ellis Test)'라 불리는 유명한 설문방법이 있다.

최소 기능 제품을 체험한 이용자에게 '이 제품을 사용할 수 없게 되면 어떨 것 같은가?'라고 질문해서 '①대단히 아쉽다', '②약간 아쉽다', '③아쉽지 않다', '④사용하지 않고 있다'의 네 가지 보기 중에 답변 ①(대단히 아쉽다)이 40%를 넘는지의 여부가 성패를 판가름한다는 것이다. 아직 본격적으로 출시하기 전에 계속 사용하기를 희망하는 '열광적인 이용자'를 40%나 확보한다는 것은 상당히 어려운 일이지만 '린 스타트업'에서 가장 중요한 과정이다.

그렇다면 '열광적인 이용자'를 만들기 위한 핵심은 무엇일까? 하나만 꼽으라면 바로 '아하 모멘트'이다. 바로 그 제품 서비스의 가치가 이용자에게 꽂히는 순간을 말한다. 무엇을 위한 제품이고 왜 필요하며, 어떻게 도움이 되는가라는 가치를 이용자가 가슴으로 느끼는 순간을 말한다. 이용자가 '아하 모멘트'를 느끼면 자연히 기분이 좋아지고 브랜드에 애착을 느낌과 동시에 자기도 모르게 친구와 공유하고 싶어진다.

최소 기능 제품이라도 설계가 정확하면 '아하 모멘트'가 만들어진다. '열광적인 이용자'가 40%를 넘을 때까지 이용자로부터 빨리, 싸게, 정확하게 그 순간에 이르는 비법을 계속 찾아내야 한다. 이 과정을 거침으로써 본격적으로 투자하기 전 단계에서 사업 성공 확률을 비약적으로 높일 수 있다.

이 책에서 소개한 파괴적 혁신기업 대부분은 이 린 스타트업의 과정을 활용하고 있고, 본격적으로 시장에 뛰어들기 전에 ③단계인 '제품 시장 적합성'에 도달한 상태였다.

주택을 리모델링하고 싶은 사람과 전문업자를 중개하는 '하우즈'(45쪽)도 처음에는 창업자 부부와 그들 자녀의 학교 학부형 등 이용자는 수십 명에 불과했고, 리모델링 전문가도 몇 명밖에 없는 상태에서 시작했다. 개인 사이트 수준과 별반 다르지 않았으며 규모도 지역도 보잘 것 없었던 아주 작은 출발이었다. 졸업생이 모교의 후배들에게 융자를 해주는 '소파이'(48쪽)도 마찬가지다. 처음에는 스탠퍼드 대학이라는 동창생들의 영역에서 시작했고, 성과가 괜찮게 판단되면서 여러 대학으로 확대해 나갔다.

이처럼 수백억 달러의 사업 규모로 성장한 기업도 린 스타트업의 방법론을 따르는 경우가 많았다. 작은 시작, 신속한 가설과 검증을 반복한다는 성공의 방정식을 활용해 비약의 기초를 마련한 것이었다.

처음에는 일단 시작해 보는 정도로…

스타트업들이 세련미를 띄면서 성공 확률을 높인 배경에는 초기 단계에서 비용을 최소화하는 비즈니스 환경도 크게 기여하고 있다. 인터넷과 SNS의 폭발적인 보급으로 창업 비용이 극적으로 줄어들게 된 덕분이라고 할 수 있다.

인터넷 공간에 플랫폼을 만들고, 그곳에 사람들을 불러 모아 비즈니스를 하려는 경우에도 플랫폼 자체를 만드는 데 필요한 비용은 얼마 되지 않는다. 따라서 일단 시작해보고 '사람이 어느 정도 모이는가', '어떤 문제가 발생하는가', '실제로 어느 정도 사용되는가', '어떤 곳에 진정한 수요가 있는가' 등을 어렵지 않게 검증할 수 있다.

예를 하나 소개해보자. 음식 배달을 중개하는 '도어대시'(55쪽)의 창업 스토리이다. 우선 이 회사는 '실리콘밸리에서 레스토랑의 배달을 대행하면 꽤 수요가 있지 않을까?'라는 단순한 아이디어를 떠올렸다. 아이디어는 떠오르면 바로 실행해야 하는 법이다. 몇 시간 후 이 회사는 간단한 웹사이트를 만들고야 말았다. 지금은 웹빌더를 사용하면 누구라도 쉽게, 게다가 무료로 사이트를 만들 수 있다.

물론 훌륭한 사이트는 아니었다. 대학 주변에 있는 레스토랑 몇 곳을 골라 메뉴를 PDF로 만들어 사이트에 올리고, 자신들의 전화번호를 올렸을 뿐인 지극히 단순한 형태였다.

하지만 현대의 인터넷 사회는 흥미로운 곳이라서 그날로 당장 주문 전화가 걸려왔다. 당황한 건 오히려 회사 측이었다. 아직 어떤 시스템도 갖추지 못한 터라 주문이 들어온 태국 음식점에 직접 가서 음식을 사서 직접 배달한 것이 서비스의 시작이었다. 그런데 예상과는 달리 다음 날도 또 그다음 날도 주문은 점점 늘어만 갔다.

대학생들의 놀이 같은 느낌으로 시작했지만 여기서 중요한 포인트가 나왔다. 바로 '아무튼 최소한의 필요에 따라 일단 해보자'이다. 회사 측으로서는 이렇게 최소한으로 필요한 웹페이지 하나를 열었는데 매일 주문이 들어오니 분명 수요가 있음에 틀림없다는 확신을 갖게 되었던 것이다. 린 스타트업의 단계로 말하면 ②단계인 '최소 기능 제품'을 출시해보고 ③단계인 '제품 시장 적합성'을 향한 단계로 들어간 상태이다.

이 회사가 영리했던 점은 배달을 가면 모든 고객들에게 정중하게 질문하면서 꾸준히 서비스를 개선해 나갔다는 것이다. 신용카드를 사용할 수 있게끔 계좌를 텄고, 대학 친구들을 동원해 배달 인원을 증원했으며 기존의 애플리케이션을 활용해 배달원의 위치를 확인할 수 있도록 했다. 돈을 들이지 않고, 누구라도 사용 가능한 애플리케이션과 기술을 이용해 조금씩 조금씩 서비스를 정비해 나간 것이다.

공감해 주는 사람들이 있고 공감을 받을만한 서비스라면 선전 광고는 SNS로 충분하다. 서비스가 ③단계 '제품 시장 적합성'에 가까워지면 이용자 간 입소문으로 고객은 자연스럽게 증가한다. 지금은 거의 돈을 들이지 않고 수천 명, 수만 명, 수십만 명에게 멋진 고객 체험을 제공할 수 있는 시대이다.

션 엘리스 테스트를 통과하면 그 서비스가 갖는 성장 엔진이 다음의 3개 중 어느 것인지 잘 살펴 서비스를 더욱 세련되게 갈고 닦는다.

① 점착형 엔진(이용자 정착률은 충분히 높은가?)

② 바이러스형 엔진(고객 추천률은 충분히 높은가?)

③ 지출형 엔진(고객 생애 가치는 충분히 높은가?)

이 ③단계 '제품 시장 적합성'(PMF)은 지금은 실리콘밸리를 비롯한 전 세계 창업가들 사이에서는 상식이 되다시피 했고, 그들의 대화에서는 PMF라는 단어가 분주히 오간다.

그렇다면 이 PMF를 달성했는지를 어떻게 확인하면 좋을까? 스타트업 분야에서 상당한 영향력을 행사하고 있는 마크 안드레센(Marc Lowell Andreessen)은 "사실 고민할 필요가 없다"고 말한다.

"PMF에 도달하지 못했다는 것은 금방 알 수 있다. 이용자는 제품에 가치를 느끼지 못하고, 입소문도 나지 않는다. 이용자 수도 성장하지 않고, 매체의 리뷰도 애매하다. 영업 사이클은 길고 거래는 좀처럼 클로징*이 되지 않는다.

PMF에 도달했는지도 금방 알 수 있다. 이용자는 제품이 완성되자마자 구입하고, 서버는 비명을 지르며, 은행 계좌는 매출로 넘쳐난다. 영업과 맞춤 서비스가 따라가지 못하고 회사의 평판을 들은 매체로부터 전화가 빗발친다."

(https://pmarchive.com/guide_to_startups_part4.html)

---

* 고객이 발주하기로 결심하는 것-옮긴이

경험자가 아니면 할 수 없는 이야기다. 본인도 직접 창업해 PMF를 통과한 경험이 있기에 그 감각을 충분히 이해한다. 하지만 일반적인 비즈니스 과정에서는 이런 감각을 느끼기 전에 본격적으로 제품 서비스를 만들고, 마케팅을 시작해 버린다. 스타트업 세계에서도 PMF에 달하는 경우는 10~20%에 불과하다고 하니 린 스타트업에서 가장 중요한 포인트라 할 수 있을 것이다.

투자자들이 열광했던 '닷컴 버블'의 시대

자, 작은 가설과 검증을 반복하며 ③단계 '제품 시장 적합성'을 통과하면 드디어 ④단계 '확장기'로 들어간다. 한 번에 자금을 투입해 비즈니스를 확장시키는 단계다.

이 책에서 소개한 기업은 확장기를 맞이하면서 업계를 파괴할 정도의 영향력을 갖기 시작했다. 단, 이 단계에 들어서면 개개의 창업 비즈니스 전략뿐 아니라 투자자들의 의중이 크게 관여되기 시작한다는 것을 잊어서는 안 된다.

이노베이션으로 업계를 파괴하는 스타트업의 성공은 사실 창업가들만의 이야기가 아니다. 투자자라는 존재가 (좋든 나쁘든) 큰 영향을 미친다.

여기서 시곗바늘을 조금 과거로 돌려 버블 시대부터 지금에 이르기까지 벤처 투자의 흐름을 간략히 짚어보자. 투자라고 말로 하기는 쉽지만 투자자들의 생각도 조금씩 변화하고 시대와 함께 세련되어져 왔기 때문이다.

벤처업계 최대의 버블은 1998년부터 2000년에 걸쳐 발생한 '닷컴 버블', 'IT버블'이라 불리는 것이었다. 당시 인터넷 관련 기업의 주가는 사업 내용과 관계없이 공전의 상한가를 갱신했다. 이 시대에 투자자들은 인터넷에 대한 환상이 있다 할 정도로 열광했다. 생각해보면 그럴 만도 했다. 지금은 인터넷 없는 생활은 생각할 수 없을 정도로 인터넷이 우리 삶 구석구석까지 침투해 있다. 하지만 그것을 0부터 예상하기란 신이 아닌 이상 불가능했다.

인터넷이라는 가공할만한 기술이 대체 어느 정도로 업계에 영향을 미칠까, 세상을 얼마만큼이나 바꾸게 될까. 인터넷 낙관론자들에 의한 대규모 투자가 버블의 기점이 되었다. 인터넷 관련 기업이라면 어디라도 좋으니 무조건 출자하고 싶다는 투자자가 속출하고 비즈니스 아이디어가 있는 젊은 창업가들 사이에서는 프레젠테이션 자료만 있으면 반드시 자금이 모인다는 말까지 나돌았다. 실제로 많은 투자자들은 자료에 쓰인 용어의 의미조차 알지 못한 채 거액을 투자했다.

이 시대에는 '린 스타트업' 같은 개념은 존재하지 않았다. 누구든 막대한 자금을 모으고 새로운 기술을 이용해 새로운 비즈니스에 도전했다. 이런 분위기가 당연한 시대였다. '닷컴 버블'의 광기에서 태어난 가장 유명한 회사가 아마존이다.

여담이지만, 이 시기에는 본인도 모바일 인터넷 비즈니스를 시작해 세계적인 투자 기업으로부터 약 30억 엔을 조달했고, 미상장 회사임에도 100억 엔이 넘는 벤처 창업자가 되었다. 내 경험으로도 이 시대에는 돈이 몰려다녔음을 확인할 수 있어 회사 앞에 투자자 행렬이 늘어선 느낌이었다.

하지만 이런 열광의 시대가 계속되지는 않았다. 2000년부터 2001년에 걸쳐 버블은 붕괴한다. 일본에서 투자의 주역이 되었던 소프트뱅크나 광통신의 주가는 폭락해 1% 이하로까지 하락했다. 믿기는가? 상장기업의 시가총액이 100분의 1이 된 것이다. 본인 역시 같은 원인으로 창업자이면서 회사에서 쫓겨나 자사주 구입 자금 3억 엔을 차입한 은행과 2년에 걸친 재판을 벌여야 했다. 무척이나 힘든 인생의 터닝 포인트였다. 그해 겨울, 벤처 창업자도 투자자도 이런 실패의 경험을 바탕으로 진화해갔다. 부활을 이루어낸 투자자는 닷컴 버블 때보다 세련된 평가 방법을 익혔다. 그런데 2008년 리먼 사태를 계기로 또다시 세계적인 버블 붕괴가 일어난다. 당시 본인은 새로운 벤처를 창업했지만 다시 도산의 위기를 경험하고 말았다.

그야말로 동토였다. 하지만 백 년에 한 번이라 불리는 태풍을 맞으면서도 끈질기게 살아남은 창업가와 투자자들은 새로이 '린 스타트업'이라는 성공 방정식을 터득하며 소생했고, 지금의 스타트업 전성기에 이르게 된다. 대부분의 투자자들은 요즘 'PMF'(제품시장 적합성)를 투자 기준으로 삼고 있다. 이처럼 많은 실패와 학습 경험을 거쳐 창업가도 투자자도 창업 방법과 투자에 대한 생각을 조금씩 세련되게 진화시키면서 새로운 시대의 에코 시스템을 완성해나가고 있다.

전 세계 투자를 리드하는 손정의라는 인물

스타트업의 라이프사이클 얘기로 돌아가보자.

①단계: 과제 해결 적합성(PSF : Problem Solution Fit)
②단계: 최소 기능 제품
③단계: 제품 시장 적합성(PMF : Product Market Fit)
④단계: 확장기
⑤단계: 성숙기

린 스타트업의 경우, ①단계에서 ③단계까지는 거의 돈이 들지 않는다. ③단계인 '제품 시장 적합성'을 넘어 '이 비즈니스는 성공할 것 같다!'는 확신이 든 시점부터 급격히 거액이 움직이기 시작하면서 ④단계의 확장기로 진입한다.

투자자 입장에서는 타당한 이야기이다. 혁신적인 비즈니스 아이디어가 일단 형태를 갖추고, 소규모이기는 하지만 시장에서의 가설과 검증을 거치고 있으니 그야말로 절호의 투자 시기라 할 수 있을 것이다. 약간 과장해서 말하면 이 타이밍의 투자자들은 창업가가 필요로 하는 금액 이상의 돈을 쏟아부어서라도 비즈니스를 단번에 가속화하고 싶은 생각이 강해진다.

세계적으로 투자를 견인하고 있는 소프트뱅크 손정의 회장의 예를 들어보자.

소프트뱅크 그룹은 지금 세계를 대표하는 투자회사 중 하나인데,

2017년 '소프트뱅크 비전펀드'를 설립한 후 그 이미지는 더욱 짙어졌다. 소프트뱅크 비전펀드에는 사우디아라비아의 무함마드 빈 살만 왕세자 등 세계적인 투자자들이 참가했고, 모금액은 총 1,000억 달러에 이르며 평가액 10억 달러 이상의 비상장기업인 일명 유니콘을 중심으로 전 세계 80개 이상의 회사에 투자하고 있다. 이 책에서 다룬 '소파이', '우버', '도어대시' 등을 비롯해 부동산 매매 업체인 '오픈도어', 공유 사무실 '위워크' 등 많은 유망 스타트업에 투자하고 있다.

손 회장의 유명한 에피소드라 하면 중국의 아마존이라고도 불리는 '알리바바'에 투자해 대성공을 거둔 이야기일 것이다. 2000년, 손 회장은 창업자인 마윈을 만난 그 자리에서 매력을 느껴 바로 투자하고 싶다는 의사를 밝혔다고 한다. 그는 마윈이 1억~2억 엔을 희망했음에도 불구하고 돈은 문제가 되지 않는다며 결국 20억 엔을 출자했다고 한다.

그 결과 소프트뱅크는 알리바바 지분의 약 30%를 소유한 최대 주주가 되었다. 미실현 이익이기는 하지만 당시의 20억 엔은 무려 7,500배인 약 15조 엔(2020년 3월 기준)이 되었다.

알리바바의 성공 스토리는 기적에 가깝다. 하지만 PMF를 통과하면 비즈니스가 단번에 확장해 파괴적인 영향력을 갖는 미래가 열린다는 사실을 알 수 있다.

투자자들은 비즈니스의 속도를 본다

글로벌 기업이라 하면 'GAFA'(구글, 애플, 페이스북, 아마존)를 떠올리는 사람이 많을 것이다. 이들 기업을 봐도 알 수 있듯이 현대의 비즈니스 환경은 점유율을 단번에 차지하는 게 관건인 양상을 띠고 있다. 이 책에서 줄곧 강조했듯이 업계를 통째로 파괴하는 기업이 최종 승자의 자리에 오르는 것이다.

특히, 플랫폼형 비즈니스는 이용자 수, 즉 점유율 자체가 사업의 가치와 직결된다. 아마존이나 라쿠텐, 메루카리(mercari)*에 이용자가 조금밖에 없다면 당연히 그곳에 상품을 등록하는 사람이 없게 되는 것은 자명한 이치다. 이용자 수가 바로 생명인 셈이다. 아무튼 처음에 사람을 모으고 업계에서 압도적인 우위를 차지하지 못하면 살아남지 못한다. 살아남기 위해서는 속도가 관건이다. 점유율 1위로 등극하고 국경을 초월해 세계를 제압해야 한다. 이것이 가장 중요한 승리 패턴으로 통한다.

기업은 이런 스토리를 이미지화하기 때문에 투자자들은 지금이라고 생각하는 타이밍에 단번에 거액을 투자해 비즈니스의 속도를 높이고자 열망한다. 이것이 린 스타트업의 ④단계인 '확장기'이다. 이 단계에서는 인원을 증원하고 설비를 확충한다. 매장이 필요한 비즈니스라면 매장을 늘리고, 클라우드 데이터 양도 최대한 끌어올리며 광고비도 투자해 앞뒤 재지 않고 점유율 쟁취에 나선다.

---

* 일본의 중고물품 거래 애플리케이션-옮긴이

이 단계에서 적자 또는 흑자 여부는 아예 문제가 되지 않는다. 확장기에 승부를 걸고 유일한 강자가 되면 이후의 이익을 독점할 수 있기 때문이다. 누구나 이런 스토리를 꿈꾸고 있기 때문에 확장기에는 범상치 않은 돈이 투하되는 것이다.

하지만 이런 움직임에도 그림자가 드리우기 시작했다. 무슨 일이 일어난 걸까? 마지막 장에서는 '새로운 시대'에 대해 이야기하기로 하자.

6장

'해피 이노베이션'으로
불안한 시대를 극복한다

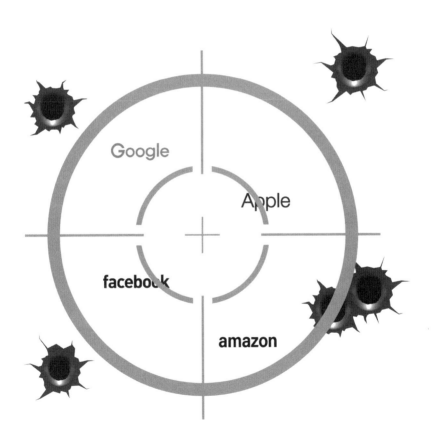

새로운 버블 붕괴에 직면한 혁신기업

- 돈을 들이지 않고 신속하게 가설과 검증을 반복한다.
- 시장 적합성이 확인된 단계에서 투자자가 단번에 돈을 투입한다.
- 채산을 맞추지 못하더라도 비즈니스의 성장을 가속시켜 최단 시간에 시장에서 최고 점유율을 쟁취한다.

5장에서는 이런 줄거리를 새로운 성공 방정식 '린 스타트업'으로 소개했다. 특히 후반부인 확장기에 일약 세계적 주역이 된 손정의 회장과 소프트뱅크 비전펀드의 성공 스토리도 이야기했다.

하지만 스타트업을 둘러싼 환경, 특히 투자 환경은 다시 크게 변하고 있다. 지금 우리는 닷컴 버블, 리먼 사태에 이은 제3의 세계적 버블의 붕괴에 다가서고 있다. 투자 환경의 대격변의 조짐을 염두에 두고 잘 알려진 파괴적 혁신기업에 대해 소개하려 한다.

본사 : 뉴욕

창업년도 : 2010년

서비스 : 공유 사무실

사업 아이디어 : 사람을 잇는 창의적인 공유 사무실을 가동

'위워크'의 비즈니스는 공유 업무 공간을 제공하는 것이다. 비즈니스 구조는 비교적 단순하다. 전 세계 도시에서 입지가 좋은 곳을 찾아 부동산 리스 계약을 맺고 인테리어와 설비 등을 멋지게 바꾼 다음 월 사용료를 지불하는 회원이나 기업에 업무 공간을 제공하고 있다.

요즘은 공유 사무실, 공유 업무 공간을 제공하는 비즈니스가 그리 낯설지 않다. 하지만 '위워크'는 자유롭고 잘 다듬어져 창의적인 분위기를 한껏 자아낸다. 누구에게나 '여기에서라면 분명 좋은 아이디어가 생길 것 같아!'라는 느낌을 갖게 하는 것이다. 물론 낮부터 무제한 맥주를 제공하고 있다는 점은 자유로운 분위기를 고조시키는 데 도움이 되고 있다.

'위워크'와 같은 공유 사무실 서비스업체들은 어디까지나 비즈니스와 연관된 독특한 느낌과 효율성을 중시한다. 하지만 '위워크'의 브랜드 전략은 분명 이전과 다르며, 이는 곧 이 회사의 최대 장점으로 꼽히고 있다. '수준 높은 사람들이 모이는 창의적인 공간'이 바로 그것이다. 한마디로 창의적인 문화와 고액의 서비스로 이루어지는 고품질 커뮤니티로서의 기능을 겨냥한 것이다. 다시 말해, 공유 사무실이 우수한 사람들이 모여 횡적인 관계를 형성해서 새로운 비즈니스를 탄생시키는 장(場)이 되도록 유도하는 게 이 회사의 브랜드 전략이다.

'위워크'는 이런 전략에 따라 2020년 3월 기준, 순식간에 전 세계 120개 이상의 도시에 800개가 넘는 거점을 거느리기에 이르렀다. 세계 주요 도시에는 거의 '위워크'가 있다고 보면 된다.

'위워크'에서 나타난 '끝의 시작'

여기서 '위워크'라는 기업을 다루는 것은 비즈니스 아이디어가 특이해서 만이 아니다.

'위워크'의 비즈니스는 재무적인 관점에서 보면 그저 부동산 전대업일 뿐이다. 개인이나 기업 회원이 증가하면 수익이 증가하지만 부동산 임차료나 인테리어 등에 소요되는 비용이 상당한 부담이 된다. 하지만 벤처기업이 성장하는 단계(확장기)에는 채산을 도외시하고 사업을 확대하는 것은 당연하다. '위워크'도 예외는 아니다. 적자를 떠안으면서 비즈니스를 지속한다는 사실은 시장에 널리 알려져 있었고, 소프트뱅크 그룹과 소프트뱅크 비전펀드의 재정지원으로 지탱해 왔다.

그런데 2019년 8월, 풍향계가 바뀌는 사건이 일어났다.

'위워크'가 새로운 자금 조달을 위해 미국 나스닥 상장에 필요한 증권 등록 신고서 즉, 'Form S-1'을 증권거래위원회에 제출했는데, 그 자료의 숫자를 보고 전 세계가 경악을 금치 못한 것이다. 적자액이 예상을 훌쩍 뛰어넘었고, 게다가 불투명한 회계 처리가 수없이 발견되었기 때문이다. 2018년 적자액은 약 18억 달러, 2019년 상반기 순손실만 약 9억 달러라는 사실이 밝혀졌다.

'위워크'는 사업을 확대하는 과정에서 너무나 큰 적자를 냈다. 영국의 경제지 〈파이낸셜 타임즈〉는 "그들은 시간당 약 30만 달러의 손실을 보고 있다"고 폭로했다.

이런 사실이 밝혀지면서 당시 약 400억 달러로 알려져 있던 '위워크'의 기업가치는 약 80억 달러로 폭락했다. 예정되었던 기업공개(IPO)도 자연스레 연기되었다. 적자액이 너무나 거대했기 때문이다.

이 단계에서 소프트뱅크 그룹과 소프트뱅크 비전펀드는 '위워크'에 이미 93억 달러를 출자한 상태였다. 소프트뱅크 측은 머리가 아팠겠지만 추가 출자와 융자를 포함해 최대 95억 달러를 디 투자하기로 결정했다. 일본엔으로 1조 엔…. '위워크'는 손 회장의 후원으로 간신히 연명하고 있는 셈이다.

미상장 회사인데다 기업가치가 80억 달러를 밑돌고 거액의 적자까지 내고 있는 '위워크'에 손 회장은 왜, 최대 1조 엔이나 되는 추가 자금을 투입한 걸까? 투자의 세계에서는 과거에 투자한 금액 가운데 사업을 철수해도 회수할 수 없는 금액, 바꿔 말하면 '회수불능으로 판단되는 금액'을 매몰비용(Sunk Cost)이라 부르며 거기에 얽매이는 것을 금기시한다.

하지만 손 회장의 입장에서는 '위워크'를 포기할 수 없었을 것이다. 만약 '위워크'를 포기한다면 소프트뱅크 그룹 본사의 재무구조가 크게 훼손될 뿐 아니라 비전펀드에 출자한 전 세계 투자자들의 신뢰를 잃고, 나아가 소프트뱅크의 투자를 지탱해 온 일본 은행들도 큰 혼란에 빠져 배후의 지원 세력들을 잃게 되고 만다. 현재뿐 아니라 미래의 비전도 붕괴되는 것은 물론이다. 손 회장은 아마 이런 판단에 따른 게 아닌가 추측된다.

실제로 '위워크'의 부실로 인해 소프트뱅크 그룹의 주식을 세계적인 헤지펀드가 대량으로 거두어들였고, 이에 호응이라도 하듯 소프트뱅크 측은 거액의 자산매각과 자사주 매입을 발표했다. 이에 따라 무디스가 신용등급을 2단계나 강등하는 바람에 이 회사의 기반이 크게 흔들리는 지경에 이르렀다.

나는 이 일련의 사건을 단순히 '위워크'만의 문제로 받아들이면 본질을 헤아리지 못하게 된다고 생각한다. '위워크'의 사례를 목격하면서 많은 투자자들은 다음과 같은 의문을 품고 있을지 모른다. 급성장하는 기업, AI를 추진하는 기업, 특히 '유니콘'이라 불리는 미상장이며 기업가치가 10억 달러 이상인 기업에 적극 출자했는데 이런 기업들의 재무 상태는 과연 건전한 것일까? 이대로 계속 출자해도 정말 괜찮은가? 라고.

'위워크', '우버', 그리고 코로나바이러스 감염증-19 쇼크

2017년, 소프트뱅크 비전펀드가 출범할 당시 970억 달러라는 예상을 한참 뛰어넘는 금액을 모아서 세계적인 주목을 받았다. 손 회장의 굳건한 입지는 변함없었고, 2019년에는 '2호 펀드' 모금을 시작했다. 하지만 현재 그 상황은 순조롭지 않다. 〈월스트리트 저널(2020년 2월)〉에 따르면 모금액은 목표액(1,080억 달러)의 약 절반 정도에 그치고 있으며 그것도 대부분 일본 기업이 출자한 것이라고 한다.

소프트뱅크 비전펀드의 위기는 손 회장만의 문제가 아니라 스타트업을 둘러싼 투자 환경 전체에 짙은 그림자를 드리우고 있다. 2013년 무렵부터 이어져 온 이른바 '스타트업 버블'도 결국 끝이 보이기 시작하고 있고 벤처 캐피탈의 투자에도 큰 변화가 일고 있다. (그림3)

사실 '위워크'의 부실 문제가 터지기 3개월 전에 전조라 할 만한 사건이 있었다. 최근 스타트업의 상징이라 할 수 있는 '우버'의 상장이다. 상장 전, 애널리스트들은 '우버'의 시가총액이 900억 달러에서 1,200억 달러 사이가 될 것으로 예상했으나 현실은 720억 달러(2019년 5월)에 그쳤다. 게다가 '위워크' 문제가 드러난 후에는 주가가 급락해 450달러(2019년 11월)를 밑돌았다. 비진펀드는 '우버'에도 출자해 소프트뱅크 그룹을 최대 주주(약 16%)의 자리에 올려놓았다.

2008년에 발생한 리먼 사태 당시에도 이런 전조가 있었다. 그것은 2007년 여름부터 주택가격이 하락하면서 덩달아 서브프라임론이 부실채권으로 쏟아져 나왔던 것이다. 당시 1년 동안 100년에 한

그림3 투자자 유형별 투자액 추이

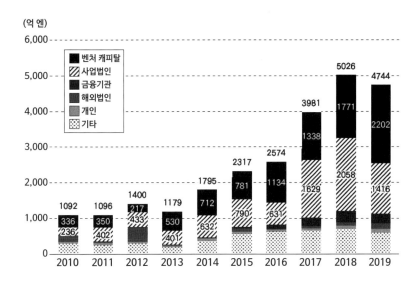

(억 엔)

주1 : '기타'에는 미분류, 불분명을 포함
주2 : 2019년 수치는 기준일 시점까지 관측된 것을 대상으로 함
주3 : 데이터의 특성상, 조사가 진행됨에 따라 과거 포함된 수치가 변동함.
　　　조사 진행에 따른 영향은 금액이 적을수록 조달 회사의 수만큼 받음
주4 : '자금조달'과는 포함하는 금액의 내용이 다름

출처 : INITIAL(2020년 3월 27일 기준)

번이라 불릴 정도의 재앙이 휩쓸고 지나갔다.

'우버'의 상장과 '위워크'의 부실에서 촉발된 버블 붕괴의 전조는 2020년 초 전 세계로 확산된 코로나 바이러스에 의해 그 상처가 더

욱 깊어져 세계 경제에 거대한 금융 위기를 초래할 가능성이 점점 높아지고 있다. 그 여파가 스타트업에 미치면 버블이 붕괴될 가능성은 거의 명약관화하다.

지금까지는 스타트업들이 자금을 걱정하지 않고 비즈니스를 확대해왔지만 자금이 모이지 않아 재무구조가 악화하고 도산하는 기업들이 급증하게 될 것이다. 이제는 적자를 각오한 비즈니스의 확장기에 투자자나 금융기관들이 더 이상 눈길을 돌리지 않을 게 분명하다. 따라서 흑자를 유지하며 사업을 확대하는 균형 경영이 스타트업들에 절실하게 요구될 것이다.

이런 시대가 확실하게 다가오고 있다. 본인도 공전의 버블 경기가 꺼진 1991년에 창업한 이래 수많은 부침을 몸소 경험하며 살아왔다. 1997년의 아시아 금융위기, 2000년의 닷컴 버블 붕괴, 2008년의 리먼 사태 등 창업가로서 이 모든 시기에 도산 직전의 위기를 고스란히 겪어왔다.

스스로 뜨거운 주전자를 만졌고, 그 고통을 통해 많은 것을 배워왔기에 이 수축해 가는 시대의 분위기와 앞날의 흐름에 기시감을 느낀다. 물론 스타트업에 대한 투자는 시대와 함께 세련되어져 왔으므로 닷컴 버블의 붕괴만큼 급격하고 강렬한 후유증은 없을 것이라 해도 스타트업을 둘러싼 버블은 확실히 꺼져가고 있다. 즉 새로운 계절, 겨울로 들어서고 있다.

해피 이노베이션은 행복의 연쇄반응을 일으키는 지속 가능한 창업

쉽지 않은 현실이지만 좀 더 냉정하게 긴 안목으로 비즈니스 환경을 바라보자.

시대는 나선형으로 순환한다. 서서히 상승하다가 어느 순간에 붕괴한다. 그리고 진화한다. 시대는 이런 사이클의 반복이다. 당분간은 혹한기일 것이다. 스타트업에 선뜻 출자하는 투자자들은 지극히 드물 것이며, 냉혹한 자연도태의 파도가 2~3년 동안 지속될 것이다. 하지만 그 시기를 넘기면 살아남은 투자자들은 새로운 투자처를 찾을 것이고, 살아남은 창업가들은 막대한 자금을 빨아들일 것이며, 다시 거품의 파도를 타고 비즈니스를 급성장시키는 기업들이 등장할 것이다.

비즈니스에서 혹은 창업가에게 '확대와 성장'은 자본주의의 숙명이다. 규모의 확장이 올바른 비즈니스의 길이라는 사고방식에서 벗어나서는 곤란하다. 결국 머니 게임의 파도가 또다시 우리를 덮칠 것이다. 다만, 21세기 들어 이전과는 다른 새로운 가치관과 새로운 창업 형태가 싹트기 시작한 것 같다.

이 책의 마무리에서는 규모를 키워 확장하던 지금까지의 야심적인 창업과는 다른 행복의 연쇄반응을 일으키는 지속 가능한 창업, 즉 '해피 이노베이션'을 이야기해보자.

아직 돈이 필요한가? 더 칭찬받고 싶은가?

새로운 사업을 시작하고 비즈니스를 지속하기 위해 필요한 에너지는 무엇이라 생각하는가?

사업을 성공시키려면 장기간에 걸쳐 지속되는 불타는 정열이 필요하다. 이 범상치 않은 심리적 에너지는 대체 어디서 나오는 것일까?

비즈니스를 성공시키면 당연히 큰돈이 들어온다. 그리고 사람들에게 많은 칭찬을 받을 수 있고 사회적인 영향력도 커진다. 지금까지 확장을 지향한 야심적인 창업에서는 돈이나 명예, 찬사 같은 개인적인 갈망이 가장 큰 심리적 에너지가 되어왔다. 자신의 아이디어 하나로 비즈니스를 시작하고, 그 사업이 성장해 큰돈을 낳는다. 많은 사람들에게 칭찬받고, 더 많은 출자를 받으며 비즈니스가 점점 확장되어 간다…. 개인적인 경험에 비추어보아도 이런 성공의 순간에는 말로는 표현할 수 없을 정도의 성취감을 느끼고 그것이 사업을 더욱 확장하는 강렬한 동기가 되었다.

하지만 자본을 좇아 비즈니스를 계속하다 보면 '더, 좀 더' 치솟아 올라가고픈 욕구가 커지지만 그 이면에서는 '지금, 내 수중에 있는 것을 잃게 되지 않을까' 하는 두려움도 생기게 된다. 내가 이런 사실을 깨닫게 된 계기는 리먼 사태 때 도산 위기를 겪으면서였다. 나는 50대의 나이에 가까워지면서 나 자신의 행복에 대한 오해와 창업가의 사명에 눈을 뜬 것 같다. 미국의 심리학자 팀 카셀(Tim Kasser)과 리처드 라이언(Richard M. Ryan)의 연구로 밝혀진 사실이 있다. 외적인 목표를 가진 사람은 내적인 목표를 가진 사람과 비교해 항상 달성하지 못했다는 불안감을 안고 있으며, 달성 정도와 상관없이 행복도가 낮다는 것이다.

이는 창업에서도 정곡을 찌르는 진리이다. 돈, 칭찬, 지위와 같은 외적인 목표를 가지고 비즈니스를 하는 것 자체를 완전히 부정할 생각은 없다. 인류는 산업혁명 이후 외적인 목표가 심리적 에너지가 되어서 인류가 경이롭다고 할 만한 물질적 발전을 이루어왔기 때문이다.

하지만 그렇다고 해서 창업가 본인은 정말 행복해질 수 있을까? 웃는 얼굴이 넘쳐나는 행복한 사회나 친환경적이고 지속 가능한 세상을 만들 수 있을 것인가? 이는 리먼 사태가 세상에 던진 질문이기도 하다.

그리고 지금, 세상에는 '이익', '확대', '효율'과 같은 20세기적인 가치관에서 탈피해 '아름다운 마음'이나 '행복한 체험' 혹은 '설렘 추구'를 심리적 에너지로 삼아 새로운 위치에서 사업을 시작하는 사람들이 증가하고 있다. 바로 '내적인 목표'를 동력으로 삼고 있는 창업가들이다. 나는 이렇게 물질적 가치를 넘어 21세기 사람들의 행복을 추구하는 새로운 사업의 창조를 '해피 이노베이션'이라 이름 짓고자 한다. 지금부터는 해피 이노베이션의 몇몇 사례들을 소개하겠다.

사각지대에 놓인 아이들에게 교육의 기회를 제공하다

'티치 포 아메리카(Teach For America)'라고 뉴욕주에 본부를 둔 교육 NPO(Non Profit Organization, 비영리단체) 법인을 아는가?

'티치 포 아메리카'에서는 아이들이 교육받을 기회를 누리지 못하는 지역의 학교에 국내 일류 대학을 졸업한 우수한 인재들(교원 자격이 있든 없든 상관없음)을 2년 동안 비상근 교사로 부임시키는 프로그램을 운영하고 있다. 이 프로그램은 이 회사 대표인 웬디 콥(Wendy Kopp)이 프린스턴 대학 재학 시절, '티치 포 아메리카'에 담겨있는 아이디어를 석사논문으로 쓴 데서 출발했다. 그녀는 논문을 쓰면서 다양한 교육 현장들을 조사해 거기서 찾아낸 여러 과제들을 연구했다. 그러면서 어떻게든 자신이 해결하고 싶다고 생각한 과제들을 사업화하기로 결심했다.

대학을 졸업한 사람을 2년 동안 교육 현장에 파견하는 아이디어는 많은 공감을 얻어 1990년 처음 대상자를 500명 모집하는 데 약 2,000명이 응모를 했다. 동시에 기업이나 자산가들로부터 총 250만 달러를 기부받는 데도 성공해 사업을 본격적으로 시작했다.

시간이 지나면서 프로그램의 평판은 날로 좋아졌고, 지금은 많은 유명 기업들이 '티치 포 아메리카'와 제휴를 맺고 있다. 구글과 GE, JP모건 같은 기업들의 경우 자사에 취업한 졸업생들이 2년간 이 프로그램에 참가하는 것을 인정하고 있다. 프로그램은 영국의 '티치 퍼스트(Teach First)', 일본의 '티치 포 재팬(Teach For Japan)', 인도의 '티치 포 인디아(Teach For India)' 등 50여 개국으로 퍼져나가 지금은 '티치 포 올(Teach For All)'이라는 글로벌 네트워크로 확장되었다.

'티치 포 아메리카'의 활동이 큰 수익을 남기느냐 하면 결코 그렇지는 않을 것이다. 하지만 2010년에는 미국 전역의 문과계 학생의 취업희망 순위에서 애플이나 구글을 누르고 보란 듯이 1위를 차지했다. 많은 학생들이 '티치 포 아메리카'의 뜻에 공감하고, 여기서 함께 일하고 싶다는 생각을 가지고 있다는 반증이다.

미국 국내는 물론 전 세계에는 다양한 사정으로 충분히 교육받지 못하는 아이들이 많다. 대표 웬디 콥은 "빈곤 정도가 아무리 심각한 지역의 아이일지라도 지원만 있으면 우수한 결과를 낼 수 있다"라고 자신의 신념을 털어놓는다.

'티치 포 아메리카'가 신선하게 받아들여지는 것은 웬디 콥 자신이 이 활동을 통해 행복을 느끼고, 프로그램에 참가한 학생들이나 그들이 부임한 학교의 아이들, 그리고 그 학교의 교사와 부모 등 많은 사람들의 본질적인 행복에 기여하고 있다는 사실이다.

자기 자신에서 행복이 분출되어 다른 사람들에게 그 행복이 퍼져 나간다. '안에서 밖으로 퍼지는 행복의 연쇄반응'이야말로 새로운 세기의 '해피 이노베이션'이 지향해야 할 목표가 아닐까.

한 곳 더, 이와 유사한 파괴적 혁신기업인 스타트업 하나를 소개하겠다.

집라인 인터내셔널
Zipline International

본사 : 하프 문 베이(캘리포니아)

창업년도 : 2014년

서비스 : 드론을 이용한 무인 배송

사업 아이디어 : 드론으로 의료품을 배달

'집라인'은 드론을 사용해 의료용 혈액을 운반하는 아주 단순한 비즈니스를 하고 있다. 이들이 사용하는 드론은 프로펠러가 4개 달린 헬리콥터형이 아니라 의료용 혈액 운반을 위해 개발된 비행기형이다. 이 회사 직원들이 주로 활약하는 곳은 아프리카로, 르완다와 가나를 중심으로 의료용 혈액을 무인 운송하고 있다. 4장에서 소개한 '첨단기술로 인명을 구하는 이노베이션'을 실현하는 기업이다.

아프리카도 도심부는 상당히 근대화되었고 교통망도 발달했지만 도심에서 조금 벗어나면 황량한 대지와 크고 작은 언덕이 펼쳐져 있어 물류 여건이 열악하다. 현재 르완다에서는 수도인 키갈리를 제외하면 그 나라에서 사용되는 수혈용 혈액 운송의 65%를 '집라인'의 드론이 담당하고 있다. 한 나라 전체에 드론 운송망이 정비되어 있는 세계 최초의 예라 할 수 있을 것이다. 가나에서의 사업은 2019년에 시작되었다. 현재 혈액을 비롯해 백신이나 의료품 등을 운송하고 있다.

'집라인'의 드론은 이런 나라들에 그야말로 구세주라고도 불릴만한 도구로, 지금은 없어서는 안 될 중요한 의료 인프라로 기능하고 있다. 참고로, 비행기형 드론을 사용하는 이유는 에너지 효율이 좋고, 비행 거리가 길기 때문이다. 또한 어떤 이유로 비행을 할 수 없더라도 헬리콥터형처럼 그 자리에서 추락하는 게 아니라 지상까지 천천히 활공해 비교적 안전하게 착륙할 수 있는 장점도 지녔다. 드론 자체가 의료품 운반에 특화되었다고 할 수 있다.

마음과 이노베이션의 결합으로 행복한 사회를 만들다

창업자 켈러 리나우도(Keller Renaudo)가 '집라인'을 설립한 계기는 어떤 연구자와의 우연한 만남이었다고 한다. 이 연구자는 탄자니아에서 긴급 처치가 필요한 환자가 발생하면 휴대전화로 환자의 위치와 필요한 의료 장비 등의 정보가 복수의 병원에 전달되는 비상 시스템을 구축한 인물이다. 켈러 리나우도는 이 비상 시스템에 올라오는 환자 리스트를 봤을 때 우선 그 규모가 수천 명이나 되는 데 놀랐고, 필요한 의료품이 있어도 그것을 전달한 수단이 없다는 현실도 알게 되었다. 그는 곧바로 '집라인'을 설립했고 2016년에는 이 프로젝트에 적극적으로 협력했던 르완다 정부와 손을 잡고 사업을 시작했다. 물류업계에서는 앞으로 드론 활용이 전 세계로 확산될 것으로 내다보고 있다. '집라인'은 바로 그 선구적 기업이라 할 수 있겠다.

'티치 포 아메리카'든 '집라인'이든 창업자의 순수한 마음과 혁신적인 아이디어가 만나 행복의 연쇄반응을 일으키고 있음을 충분히 알 수 있다. '티치 포 아메리카'가 내세우는 '혜택 받지 못하는 지역의 아이들에게 교육을'이라는 메시지는 훌륭하다. 누구도 감동하지 않을 수 없다. 하지만 그런 메시지를 발신하는 것만으로 현실은 조금도 바뀌지 않는다. 여기에 '일류 대학 졸업생을 2년 동안 파견한다'는 아이디어를 더함으로써 커다란 사회적 운동을 일궈낸 것이다.

'집라인'도 마찬가지다. 교통 인프라가 정비되어 있지 않은 지역에 의료용 혈액을 보내고 싶은 마음이 있어도 최적화된 아이디어와 '드론'이라는 기술이 없다면 문제를 해결할 수 없다.

이것이 바로 행복의 연쇄반응을 낳기 위한 이노베이션인 것이다.

일하는 사람도 손님도 함께 행복한 '주문을 잘못 받는 식당'

'티치 포 아메리카'나 '집라인'의 사례를 강조하면 전 세계를 대상으로 하는 대규모 사업을 해야 하는 것처럼 오해를 살지도 모르겠다. 하지만 해피 이노베이션은 그렇게 거창한 게 아니다.

여러분은 '주문을 틀리는 음식점'을 아는가? 이 레스토랑의 홀에서 일하는 사람은 모두 치매를 앓고 있어 자칫하면 주문이 잘못 전달될 수 있다. 하지만 그럴 때는 '뭐, 그럴 수도 있지' 하고 이해하는 관용을 베푸는 손님들이 있다면 세상살이가 훨씬 너그러워지지 않을까.

이런 마음으로 만들어진 것이 '주문을 틀리는 음식점'이다. 치매를 앓는 사람은 2010년 기준 전 세계적으로 3,500만 명이다. 세계보건기구(WHO)에 따르면 2050년까지 1억 5,000만 명으로 증가할 것으로 예측되고 있다.

'주문을 틀리는 음식점'의 발기인인 오구니 시로(小国士朗)는 이런 이야기를 한다.

"치매에 대해서는 너무나 많은 오해가 있어 '치매에 걸리면 아무것도 하지 못한다'고들 생각한다. 환자들이 사회에서 격리를 당하는 경우도 있다. 하지만 사실과 다르다. 치매에 걸린 사람들과 함께 더 평범하게 생활할 수 있는 관용 있는 사회를 만들고 싶다."

분명히 '주문을 틀리는 음식점'에서는 접객이나 상차림이 미숙하거나 때로는 우왕좌왕하거나 틀리기도 하지만 손님과 하나가 되어 다들 웃는 얼굴로 즐겁게 공간을 공유하며 일하고 식사를 한다. 손님들 가운데 90% 이상이 '꼭 다시 오고 싶다'고 답변하는 등 놀라울 만큼 고객 만족도도 높다.

완벽에서 관용으로. 이야말로 둘도 없는 해피 이노베이션이 아닐까. 어떻게 이런 공간과 분위기를 만들 수 있었을까? 오구니 씨 자신도 말하지만 이는 '주문을 잘못 받는다'라는 간판을 걸고 있는 덕분이다. 이런 사소한 배려의 연구가 사실은 커다란 이노베이션인 것이다.

비즈니스 세계에서는 '효율이 좋아야한다', '클레임은 0이어야한다', '서비스는 완벽해야 한다'와 같은 강박관념에 얽매이기 쉽다. 물론 그런 측면이 중요하다. 하지만 작은 아이디어로 '효율'과 '완벽'보다 더 소중한 것, 사람이 마음으로부터 행복을 느낄 수 있는 '친절'과 '관용'을 비즈니스 안에서 실현시킬 수도 있다. '주문을 틀리는 음식점'은 이런 새로운 가치관과 아이디어의 소중함을 우리에게 가르쳐준다.

왜 지금, 행복을 추구하는 가치관으로 이동해야 하는가

왜 지금, 사람들의 가치관이 변하기 시작한 걸까?

복합적 요소가 있지만 가장 큰 영향을 미치는 것은 무어의 법칙에 따라 기하급수적으로 진화하는 정보기술이다. 앞에서 말한 것처럼 앨빈 토플러는 정보혁명으로 인해 '폭력→부→지식'이라는 권력 이동이 일어났다고 주장했다. 그 후 인터넷과 SNS가 등장했고, 인류는 이전보다 훨씬 깊고 다양하게 서로 연결되었다.

그리고 기업의 언행에는 늘 지켜보는 눈이 생기기 시작했다. 사람들의 공감을 얻을 수 있는 상품과 서비스는 그 평판이 친구를 통해 파도처럼 번져나간다. 거꾸로 사람들에게 분노나 실망을 느끼게 하면 믿을 수 없는 속도로 입소문이 퍼져 브랜드 이미지가 크게 추락하고 만다. 우리는 알게 모르게 기술의 혜택을 입고, 함께 생각하며 행동하게 되었다. 개별의 시대에서 연결의 시대로 세상은 이동(Social Shift)을 한 것이다.

'공감'이라는 새로운 권력의 원천은 그런 과정에서 등장했다. 우리는 항시 친구의 아이콘이 근황을 보고하고 언제나 얼굴을 보면서 커뮤니케이션을 할 수 있는 시대에 살고 있다. 자연스레 돈과 지식을 넘어 사람과의 연결과 공감의 중요성을 실감하게 되었다. 비즈니스도 사람들의 공감 없이는 존재할 수 없는 세상이 된 것이다.

사람들의 가치관은 공감과 무관한 '금전의 욕구'에서 공감을 낳는 '행복의 추구'로 이동해 갈 것이다. 실제로 비즈니스 현장에서도 구글을 비롯한 선진 기술기업들이 솔선해서 행복의 지속을 연구하는 긍정의 심리학이나 '마음 챙김(mindfulness)', '자기 연민(self-compassion)'처럼 내면을 다스리며 관리하는 기법들로 직원들의 행복을 증진시키려 애쓰고 있다.

코로나 쇼크는 시곗바늘을 빠르게 돌리고 있다

2020년, 코로나 바이러스의 팬데믹(전염병의 세계적인 대유행)은 인류에 미증유의 위기를 초래했다 유엔 사무총장의 입에서 '제2차 세계대전 이후 가장 큰 시련'이라는 말이 나오고 있을 정도니 그 폐해는 실로 엄청나다.

국가 간 사람의 이동이 완전히 차단되면서 공포를 불러일으키며 곳곳의 경제가 무너지고 있고, 지금까지 인류가 쌓아온 모든 시스템들이 흔들리기 시작했다. 봉쇄 조치 등으로 밀접한 장소에서의 모임이나 대화가 어렵게 됨에 따라 사람들의 물리적 관계가 거의 단절되다시피 했다.

이렇게 전에 없던 시련 속에서 우리의 의식에는 커다란 변화가 생겨나고 있다. 집에 틀어박혀 있는 사람들은 동료나 친구들과의 관계를 찾아 온라인에서 모이고 있다. 회의나 수업, 쇼핑, 회식, 술 모임, 미술 감상에 이르기까지 모든 관계가 가상공간으로 쏠려 디지털의 파도가 더욱 거세가 몰아치고 있다.

2000년대 후반, 세계적인 선풍을 일으켰던 '세컨드라이프(www.secondlife.com)'라는 가상현실 공간에 도요타와 덴츠가 잇따라 뛰어들었던 것을 기억하는 이들이 많을 듯하다. 그 신기한 공간은 3D아바타를 내세워 모르는 사람들과 교류하는 곳이었다. 코로나 사태 이후, 지금은 보통 사람들도 자신의 실체를 드러내고 '줌(Zoom)'과 같은 애플리케이션을 통해 다른 사람들을 만나고 있다.

이런 변화상은 익명 게시판에서 실명 SNS로 이행한 것에 비유될 만하다. SNS가 이렇게 활발해지기 전에는 익명 게시판이 존재했지만 전혀 모르는 사람들끼리 책임이 따르지 않는 대화를 나누는 장으로서 존재했다. 하지만 페이스북의 등장이 익명의 대회 문화를 바꿔놓으면서 사람들의 행동은 크게 달라졌다. 보통 사람들도 인터넷에 실명을 밝히는 데 가졌던 심리적 부담감을 극복하고 가상공간에서 실명으로 교류하게 된 것이다. 이전의 익명 게시판과 달리 신뢰 관계로 맺어진 사람들의 네트워크라는 점에서 가상공간은 새롭게 진화했다. 우리는 지금 텍스트와 사진을 매개로 가상의 친구가 아니라 진짜 실제의 친구와 늘 교류하며 대화하고 있다.

2020년 코로나 사태로 인해 세상 사람들은 어쩔 수 없이 만남의 장을 '줌' 같은 애플리케이션을 이용한 가상공간으로 이동하고 있다. 이 과정에서 우리는 맨 얼굴을 드러내고 대화할 만큼 가상공간의 높았던 장벽을 뛰어넘고 있다. 현재 신뢰 관계로 맺어진 사람들이 만나는 모임의 장이 펼쳐지고 있다는 점에서 이전 세컨드라이프와는 분명히 다르다. 우리는 언제 어디서든, 경우에 따라서는 초면인 사람과도 온라인에서 가볍게 대화를 나눌 수 있게 되었다. 사람과의 연결은 놀랄 만큼 진화하고 있으며, 이에 따라 세상 역시 몰라보게 변화할 것이다.

우선 우리는 지금까지의 상식을 의심하기 시작했다. 도장이나 청구서라는 게 정말 필요한 걸까? 애초에 사무실은 무엇 때문에 있었던 거지?

요즘 관리와 기획, 사무 업무를 담당하는 사무직 직원은 자택으로 직장을 옮기고 있다. 하지만 의료나 간호, 교통, 물류, 소매점, 쓰레기처리 업무처럼 사회생활 유지에 없어서는 안 될 필수 인력들은 생명의 위험을 느끼면서도 현장 근무를 강요받았다. 왜 그들만 자신을 위험에 노출시켜야 하는가?

저 사람들은 대체 어떤 가치를 창출하고 있는가? 직장을 집으로 옮긴 사람들과 변함없이 현장에서 일하는 사람들과의 심리적인 거리가 멀어짐과 동시에 직업에 대한 본질적인 질문도 등장했다.

직장을 집으로 옮긴 사람들에게도 변화가 찾아왔다. 코로나 사태로 인해 직장과 가정의 경계가 사라진 것이다. 회사에 대한 귀속 의식이 약해지기 시작했고 사람의 행복이나 조직의 의미 같은 것에 본질적인 의문을 품게 된 것이다. 나는 무엇을 위해 일하고 있는가? 우리 조직은 무엇 때문에 존재하는가?

코로나 사태는 사람들의 가치관을 혼선에 빠트렸다. 이전의 상태로 돌아가려는 사람들과 위기에서 무언가를 배워 변화하려는 사람들 사이에 깊은 정신적 거리가 생겨났다. 하지만 지금까지 지지부진했던 원격 업무가 빠르게 일상화되면서, 시대를 앞서 나가고자 했던 개혁적인 밀레니얼 세대 젊은이들이 권력을 쥐게 될 것이다. 이들의 목소리는 더욱 커지고 있다. 그렇게 소리 높여 주장했는데, 왜 개혁이 되지 않았는가! 지금까지는 뭐였나? 하니까 되지 않는가!

일단 경험한 것을 바로 잊을 수는 없다. 거대한 흐름은 디지털 전환(Digital transformation, 디지털 기술에 따른 기업 활동의 변혁)을 단번에 가속화하고 조직의 가치관과 문화를 송두리째 바꿔놓을 수도 있다. 진정한 의미에서 일하는 방법을 개혁하는 기업도 속출할 것이다.

반면, 코로나 사태는 기술로는 극복할 수 없는 영역도 엄존하고 있음을 깨닫게 한다. 미묘한 느낌을 전하는 대화나 창의력을 낳는 잡담의 소중함, 그리고 사람에게 기댈 때 느껴지는 온기와 안도감 같은 것들이다. 이는 곧 우리가 수천 년 진화하며 생래적으로 체득한 인간 특유의 특질들이다. 결국 사람들이 모여 서로 정감을 주고받는 이야기가 얼마나 소중한 가치를 만드는지를 너 나 할 것 없이 깊게 재인식하게 된 것이다.

186

1996년 이후에 생겨난 '소셜네이티브'들

밀레니얼 세대라도 1996년 이후에 태어난 젊은이들은 'Z세대'라 불리며 그 전의 'Y세대'와 구별되기 시작했다. Z세대의 가장 큰 특징은 어느 정도 나이가 들면서부터 SNS를 통해 다른 사람들과 깊게 연결되는 세상에 살고 있다는 점이다.

Z세대는 '소셜 네이티브(social native)'이다. 파괴적 혁신을 선도하는 Y세대에 비해 사람과의 연결, 특히 가족이나 친구를 더욱 소중하게 생각한다. 개인의 다양성을 존중하는 한편, 이유 없이 다른 사람의 가치관이나 행동을 강요받는 것을 극히 싫어한다. 사회 공헌이나 환경보호에 대한 의식도 한층 높다.

Z세대의 직업관은 일과 사생활의 균형과 양립을 지향하는 '워크라이프 밸런스'를 넘어 일과 사생활을 분리하지 않고 결합해 즐거움과 성장을 촉진하는 '워크라이프 젠가(젠가 게임처럼 분리할 수 없다)'가 되어가고 있다고 생각한다. 앞으로 Z세대가 시대의 주역이 됨에 따라 자기 자신을 행복의 기점으로 삼고 사람들에게 행복의 연쇄반응을 일으키는 해피 이노베이션이 분명 많아질 것이다. 그리고 그 변화는 이미 일어나고 있다.

해피 이노베이션을 창출하는 새로운 창업 과정

행복을 끌어올리는 이노베이션은 어떤 과정을 거쳐 만들어질까?

나의 경험도 참고해 이노베이션이 창출되는 단계를 과거와 현대를 비교하는 식으로 정리해보았다.

《리먼 사태 이전의 '신규 사업' 창출 과정》

① 세상을 변화시킬 만한 창조적인 아이디어를 도출한다.

② 경영 환경을 분석하고 멋진 사업 계획을 세운다.

③ 창업팀을 결성하고 창업 자금을 조달한다.

④ 사무실 임대, 직원 고용, 웹사이트 제작, 홍보를 한다.

⑤ 사장은 자금 조달 및 고객 모집 방법에 집중한다.

⑥ 직원, 고객과는 돈으로 보상하는 관계를 구축한다.

⑦ 자본 전략, 제품 전략, 마케팅 전략으로 경쟁에서 꾸준히 승리한다.

⑧ 최단 기간 성장, 시장 독점, 기업 가치의 최대화를 목표로 삼는다.

글로벌 경제를 뒤흔든 리먼 사태로 인한 극심한 신용 경색과 빙하기를 극복하고 '린 스타트업'이 등장했다. 이제 ②부터 ⑤까지가 극적으로 변화하게 된다. 이에 따라 스타트업의 성공 확률이 극적으로 높아졌고 '파괴적 혁신기업 50'에 등장하는 세상을 바꾸는 업계를 파괴하는 기업이 잇따라 등장했다.

《리먼 사태 이후에 등장한 '파괴적 혁신'의 창출 과정》

① 세상을 변화시킬 만한 창조적인 아이디어를 도출한다.

② 계획에 앞서 현실에 존재하는 과제를 발견한다.

③ 과제 해결을 위한 최소 기능 제품을 제작, 학습을 거듭한다.

④ 이 과정에서 콘텐츠가 향상되고 자연스럽게 공감대가 확산된다.

⑤ 사장은 '고객을 기대 이상으로 만족시키고 재이용 의사를 높이는 방법'에 집중한다.

⑥ 직원, 고객과는 돈으로 보상하는 관계를 구축한다.

⑦ 자본 전략, 제품 전략, 마케팅 전략으로 경쟁에서 꾸준히 승리한다.

⑧ 최단 기간 성장, 시장 독점, 기업가치의 최대화를 목표로 삼는다.

최근의 스타트업 버블이나 코로나 충격으로 인해 앞으로는 규모의 확장보다는 균형 잡힌 사업과 함께 본질적인 행복의 연쇄반응을 만드는 이노베이션이 주목받을 것이다.

동시에 창업 과정 역시 진화할 것이다. 나는 ①⑥⑦⑧에 큰 변화가 일어나면서 소규모의 '해피 이노베이션'이 무수히 많이 탄생할 것이라 예상한다.

《스타트업 버블 이후 예상되는 '해피 이노베이션'의 창출 과정》

① 자신이 몰입할 수 있는 작은 아이디어를 생각한다.

② 계획에 앞서 현실에 존재하는 과제를 발견한다.

③ 과제 해결을 위한 최소 기능 제품을 제작, 학습을 거듭한다.

④ 이 과정에서 콘텐츠가 향상되고 자연스럽게 공감대가 확산된다.

⑤ 사장은 '고객을 기대 이상으로 만족시키고, 재이용 의사를 높이는 방법'에 집중한다.

⑥ 사람과의 인연을 소중히 여긴다.

⑦ 무리하게 알리지 않는다. 무리하게 전략을 세우지 않는다. 무리하

게 확장하지 않는다.

⑧ 비전은 있지만 자연스러운 흐름을 중요시하며 행복의 연쇄반응을 넓혀간다.

자, 어떤가?

당신은 규모 확장을 지향하는 '파괴적 혁신'에 솔깃하는 유형인가? 아니면 나 자신, 그리고 가까운 이들부터 작게 시작해 행복의 연쇄반응을 이어나가는 '해피 이노베이션'에 가슴이 설레는 유형인가?

'돈의 힘'에서 '사람의 힘'의 시대로

우리는 창업을 하거나 새로운 사업을 개발하려면 목돈이 필요하다는 생각을 한다. 때문에 창업가는 투자자에게 돈을 지원받아 사업을 시작하는 게 일반적인 상식이 되어 있다.

인류는 농업의 발명으로 잉여 농작물을 만들어냈고, 그것이 돈을 불리며 결과적으로 국가와 시장을 만들었다. 결국 무엇을 생산하든 돈이 필요해졌고, 그러다 보니 가진 자와 못 가진 자의 비극을 낳았다. 이것이 현대의 비극이자 양극화의 원점이다.

하지만 정보사회가 되면서 양상은 일변했다. 굳이 확장을 노리지 않고 자연스러운 성장에 맡기는 경우에는 무리해서 돈을 모으거나 고객을 유치할 필요가 없어졌다. 지금 생산에 필요한 것은 돈이 아니라 사람의 힘이 되었다.

그렇다면 돈이란 무엇인가? 창업가에 있어 돈이란 인간관계가 없어도, 공감 받지 못해도, 사람의 도움을 빌릴 수 있는 도구라 할 수 있다. 돈 없이 작게 시작해, 서로 배우고, 서로 도우면서 자연스럽게 사업을 키울 수 있다면 분명 지금과는 다른 행복한 세계가 보일 거라고 나는 믿는다.

최소한의 돈으로 사람을 행복하게 하는 사업을 만들어내는 것. 비용 없이, 행복의 연쇄반응이 늘어나는 사업을 창조하는 것. 이것이 가능하다면 세상을 힘들게 하는 양극화 문제도 해소되기 시작할 것이고, 세상은 분명 웃는 얼굴로 넘쳐날 것이다. 나는 그렇게 믿고, 하루하루 활동하고 있다.

해피 이노베이션은 우리 생활의 기반

자, 이제 파괴적 혁신기업에 대한 지금까지의 이야기를 정리해보자.

이 책에서는 업계의 세력 판도를 뒤집을만한 디스럽터, 즉 파괴적 혁신기업을 소개하고 '가치 창조', '가격파괴', 그리고 '플랫폼형', '비즈니스 모델형', '기술형'으로 유형을 분류하자고 제안했다.

이어서 그 분류에 따라 흥미로운 파괴적 혁신기업 22개사의 예를 들면서 다양한 비즈니스 모델, 스타트업의 유형, 기업으로서의 이야기 등을 자세히 살펴봤다. 그리고 많은 파괴적 혁신기업에 공통으로 해당하는 세 개의 키워드 '밀레니얼', '지속 가능', '린 스타트업'

표4 **이전의 이노베이션과 해피 이노베이션의 차이**

	이전의 이노베이션	해피 이노베이션
가치 기준	세상을 바꾼다	내가 몰입한다
동기	돈, 사람들의 칭찬	설렘, 사람들의 미소
목표	독점	지속
조직	대규모의 계급 조직	수평적인 작은 팀
과정	최단 거리, 최대 효과	작게 시작해 자연스럽게 성장
자금 조달	적극적인 자세, 기업 가치의 최대화	자금은 필요 최소한
경영	계획과 통제	지속적인 학습

이라는 관점에서 파괴적 이노베이션의 특징을 고찰했다.

마지막으로 스타트업을 둘러싼 자금 조달의 환경 변화에 대해 해설하고, 새로운 감성의 비즈니스 사고방식에 기반한 '해피 이노베이션'을 언급했다.

파괴적 혁신과 해피 이노베이션의 상이점을 차트로 표현하면 표4처럼 된다.

마지막으로 하나만 더. 내가 파괴적 혁신기업이나 그것을 창조하는 방법을 부정하는 것이 아님을 밝혀두고자 한다.

사람들의 생활을 지탱하는 에너지 산업이나 통신 네트워크, 대규모 투자가 필요한 제조업과 건설업, 나아가 의약품과 AI 같은 고도의 개발 사업 등 저마다 다른 경영 자원이 필요한 업종이나 서비스도 다수 존재한다. 그런 기반이 있기에 우리는 행복하게 살아갈 수 있고, 그 기반들은 앞으로도 중요한 역할을 해 줄 것이다.

업계를 파괴하는 이노베이션이 우리 생활에 필요한 인프라와 플랫폼을 만들고, 무수한 해피 이노베이션이 탄생해 우리가 살아가는 활력이 되고 행복의 연쇄반응이 세상으로 퍼져나갔으면 한다. 이런 밝은 미래를 만드는 데 이 책이 작은 도움이 될 수 있다면 행복하겠다.

마치며

　내게는 세 개의 얼굴이 있어 사람들은 나를 '창업가 선생'이라 부른다.
　하나는 연쇄 창업가로서의 얼굴이다. 29세에 창업을 한 이래, 오랜 시간 IT업계에 몸담고 있으면서 스타트업의 어려움, 신규 사업의 어려움을 문자 그대로 수업료를 내가며 배워왔다. 자서전 《리부트》의 띠지에 '나는 4번 죽었고, 매번 부활했다'고 홍보했을 만큼 부침이 심한 인생을 살아왔다. 나는 지금도 현역 창업가이다.
　다른 하나는 대학에서 경영학을 가르치는 선생으로서의 얼굴이다. 30년 가까운 창업가로서의 경험과 최신 경영학의 식견을 조합해 다음 세대를 짊어질 사회인과 젊은이들에게 '행복 관점의 경영학', '행복 관점의 이노베이션'을 전달해 왔다. 덕분에 학생들과 친근하게 지내고 있고, 사회인을 대상으로 한 강의도 시작했다. 가슴 설레는 배움의 창조가 지금은 나의 평생의 업이 되었고 뜨거운 정열을 쏟고 있다.
　이번 책은 실천과 연구라는 두 개의 관점에서 '업계를 파괴하는 신흥 창업'을 주제로 썼다. 개개의 창업과 서비스의 특징을 자세히 전하는 것은 물론, 그에 따르는 다양한 식견과 노하우, 트렌드 등을 포함해 가능한 한 평이하게 전달하려고 노력했다. 여러분이 도움이 될 만한 정보를 얻으셨는지 모르겠다.

조사의 기반이 된 'CNBC 파괴적 혁신기업 50'은 2013년부터 매년 발표되고 있다. 2019년에 선정된 파괴적 혁신기업 50개사의 기업 가치의 합계는 당시 기준으로 2,660억 달러에 달했고, 그중 36개 사는 기업가치가 10억 달러가 넘는 미상장기업, 소위 말하는 '유 니콘'이었다.

하나같이 업계의 질서나 상관습에 얽매이지 않고 참신한 비즈니 스 모델과 기술을 시장에 도입해 놀라운 속도로 고객을 확보하고 있는 스타트업 기업들이다. 이 책에서는 22개사를 다루었지만 2018년도 이후의 'CNBC 파괴적 혁신기업 50'에 포함된 모든 회사에 관한 정 보는 본인의 개인 사이트 'JOIN THE DOTS'(www.join-the-dots.net)에 실려 있고 누구라도 다운로드할 수 있다. 관심 있는 분은 참고하길 바란다.*

마지막에 언급한 '해피 이노베이션'은 본인이 운영하는 공부방 'hint 세미나'의 한 과목이고, 가쿠슈인 대학의 '창업론' 자율 세미 나에서 시작해 Z세대를 연구하는 조직으로 성장한 '이노베이션 팀 dot'이 실천하고 있는 주제이기도 하다.

'hint 세미나'의 강의 텍스트, 가쿠슈인 대학 '창업론' 강의 텍스트 등도 모두 본인의 개인 사이트 'JOIN THE DOTS'에 게재되어 있어 누구라도 다운로드할 수 있다. 특히 'hint 프레임워크'는 해피 이노 베이션을 0에서부터 창출하기 위한 체계적인 최신 개발 방법이다. 개인 내지 기업에서 새로운 사업을 시작하고자 할 때는 분명 도움

---

* CNBC 웹사이트에서 확인할 수 있다. www.cnbc.com/cnbc-disruptors −옮긴이

이 될 것이다. 꼭 들러보시기를.

2020년 4월부터는 비즈니스 브레이크스루 대학의 전임 교수를 하게 되었다. 여기서도 'hint 프레임워크'를 기반으로 한 '행복 관점의 이노베이션'이라는 과목으로 교편을 잡고 있다.

마지막으로 이 책이 나오기까지 도와주신 모든 분들께 진심으로 감사의 인사를 전한다.

여러분과 함께 체험하고 있는 이노베이션 학습의 성과를 이렇게 책으로 세상에 선보이게 되었다. 고마운 마음이다.

비즈니스 브레이크스루 대학의 오마에 겐이치 학장께서 멋진 추천사를 써주었다. 그밖에 대학 동료 교수를 비롯해 언제나 힘이 되어주는 모든 분들께 감사의 인사를 전한다.

여러분 덕분에 이 책이 무사히 세상에 나올 수 있었다.

연도별 CNBC 선정 디스럽터 50

*연도별 순위와 시장가치의 변화를 살펴볼 수 있다.

2020년 CNBC 선정 디스럽터 50

No	스타트업	창업	본사	시장가치 (10억 달러)	혁신업종
1	스트라이프(Stripe)	2010	캘리포니아	36.0	전자결재, 소프트웨어, 신용카드
2	쿠팡(Coupang)	2010	서울	9.0	전자상거래, 소매
3	인디고 애그리컬처(Indigo Agriculture)	2014	보스턴	3.5	농업
4	코세라(Coursera)	2012	캘리포니아	1.6	교육
5	클라르나(Klarna)	2005	스톡홀름	5.5	전자상거래, 금융서비스
6	템퍼스(Tempus)	2015	시카고	5.0	헬스케어
7	집라인 인터내셔널(Zipline International)	2014	캘리포니아	1.2	드론, 물류, 로봇
8	소파이(SoFi)	2011	캘리포니아	4.8	은행, 금융서비스
9	네티라(Neteera)	2015	예루살렘	0.4	헬스케어
10	고젝(Gojek)	2010	자카르타	12.5	운송, 배달
11	위랩(WeLab)	2013	홍콩	-	가상금융, 핀테크
12	도어대시(DoorDash)	2013	캘리포니아	12.7	식재료 배달
13	힐(Heal)	2014	캘리포니아	0.1	주문형 헬스케어
14	모반디(Movandi)	2016	캘리포니아	0.1	전기통신
15	베터닷컴(Better.com)	2016	뉴욕	-	디지털 대출
16	그랩(Grab)	2012	싱가포르	14.9	대중교통, 택시
17	레모네이드(Lemonade)	2015	뉴욕	2.1	보험, 금융서비스
18	루트인슈어런스(Root Insurance)	2015	오하이오	3.6	자동차 보험, 금융서비스
19	헬시아이오(Healthy.io)	2013	텔아비브	-	온라인 건강검진
20	굿알엑스(GoodRx)	2011	캘리포니아	2.8	헬스케어, 보험
21	잇저스트(Eat JUST)	2011	샌프란시스코	1.2	식품, 농업
22	고퍼프(goPuff)	2013	필라델피아	-	소매, 물류
23	어펌(Affirm)	2012	캘리포니아	2.9	전자상거래, 금융서비스
24	캐비지(Kabbage)	2009	애틀랜타	1.1	은행, 금융서비스
25	차임(Chime)	2013	캘리포니아	5.8	은행, 핀테크
26	데이브(Dave)	2016	로스앤젤레스	1.2	모바일뱅킹, 핀테크
27	트룰리우(Trulioo)	2011	밴쿠버	-	보안, 온라인 신원관리
28	리플(Ripple)	2012	캘리포니아	10	송금
29	탈라(TALA)	2011	캘리포니아	0.5	금융서비스
30	디디추싱(Didi Chuxing)	2012	베이징	57.6	대중교통, 택시
31	센티넬원(SentinelOne)	2013	캘리포니아	1.1	사이버보안
32	버터플라이 네트워크(Butterfly Network)	2011	코네티컷	1	의료영상
33	마르케타(Marqeta)	2010	캘리포니아	4.3	결제
34	어필 사이언스(Apeel Sciences)	2012	캘리포니아	1.0	농업, 농산물
35	K헬스(K Health)	2016	뉴욕	458	원격의료

36 데이터브릭스(Databricks)	2013	캘리포니아	6.2	데이터관리, 기계학습
37 C3.ai	2009	캘리포니아	3.3	클라우드 컴퓨팅
38 아타보틱스(Attabotics)	2016	캘거리	-	창고
39 클리어(CLEAR)	2010	뉴욕	-	생체인증
40 스노플레이크(Snowflake)	2012	캘리포니아	12.4	빅데이터
41 에어비앤비(Airbnb)	2008	캘리포니아	18.0	호텔, 여행
42 듀오링고(Duolingo)	2011	피츠버그	1.5	교육
43 란자테크(LanzaTech)	2005	시카고	0.4	CO2리사이클
44 징코 바이오웍스(Ginkgo Bioworks)	2009	보스턴	4.4	향신료, 조미료, 식품원료
45 길드 에듀케이션(Guild Education)	2015	덴버	1.0	교육
46 로빈후드(Robinhood)	2013	캘리포니아	8.3	금융서비스
47 콘보이(Convoy)	2015	시애틀	2.7	물류
48 뷰티카운터(Beautycounter)	2011	캘리포니아	-	피부미용
49 임파서블 푸드(Impossible Foods)	2011	캘리포니아	2.0	식품
50 유아이패스(UiPath)	2005	뉴욕	7.1	소프트웨어, 사무자동화

2019년 CNBC 선정 디스럽터 50

No	스타트업	창업	본사	기업가치 (10억 달러)	혁신업종
1 인디고 애그리컬쳐(Indigo Ag)→P109	2014	보스턴	3.5	농업
2 디디추싱(Didi Chuxing)	2012	베이징	57.6	대중교통, 택시
3 위워크(WeWork)→P166	2010	뉴욕	47.0	임대 사무실
4 그랩(Grab)	2012	싱가포르	14.0	대중교통, 택시
5 렌트 더 런웨이(Rent the Runway)→P38	2009	뉴욕	1.0	패션, 소매, 전자상거래
6 굿알엑스(GoodRx)	2011	캘리포니아	2.8	헬스케어, 보험
7 에어비앤비(Airbnb)	2008	캘리포니아	31.0	호텔, 여행
8 캐스퍼(Casper)→P91	2014	뉴욕	1.1	침구
9 펠로톤(Peloton)→P77	2012	뉴욕	4.2	트레이닝
10 샤오훙슈(Xiaohongshu)→P28	2013	베이징	3.0	SNS, 전자상거래
11 콘보이(Convoy)→P52	2015	시애틀	1.1	물류
12 인모비(InMobi)	2007	싱가포르	-	광고
13 스트라이프(Stripe)	2010	캘리포니아	22.5	전자결재, 소프트웨어, 신용카드
14 캐비지(Kabbage)→P33	2009	애틀랜타	1.2	은행, 금융서비스
15 란자테크(LanzaTech)→P113	2005	시카고	0.4	CO$_2$리사이클
16 텍스티오(Textio)	2014	시애틀	0.1	소프트웨어
17 포노닉(Phononic)→P121	2009	노스캐롤라이나	0.3	냉각장치
18 도어대시(DoorDash)→P55	2013	캘리포니아	7.1	식재료 배달
19 징코 바이오웍스(Ginkgo Bioworks)	2009	보스턴	1.4	향신료, 조미료, 식품원료
20 이투커지(依图科技, YITU Technology)	2012	상하이	-	생체인증
21 코세라(Coursera)→P69	2012	캘리포니아	1.7	교육
22 클리어(CLEAR)	2010	뉴욕	-	생체인증
23 트랜스퍼와이즈(TransferWise)→P35	2011	런던	1.6	은행, 송금, 외화환전

24 플렉스포트(Flexport)→P33	2013	캘리포니아	-	물류, 수송 중개
25 패너틱스(Fanatics)	2011	플로리다	4.5	전자상거래, 스포츠 의류
26 소파이(SoFi)→P48	2011	캘리포니아	4.4	은행, 금융서비스
27 임파서블 푸드(Impossible Foods)→P125	2011	캘리포니아	-	식품
28 듀오링고(Duolingo)→P36	2011	피츠버그	0.7	교육
29 버타헬스(Virta Health)→P101	2014	캘리포니아	0.3	헬스케어
30 프로지니(Progyny)→P74	2008	뉴욕	0.1	헬스케어, 난임치료
31 스킬즈(Skillz)	2012	캘리포니아	0.1	e스포츠, 게임
32 코헤시티(Cohesity)	2013	캘리포니아	1.1	클라우드 컴퓨팅
33 어펌(Affirm)→P33	2012	캘리포니아	3.0	전자상거래, 금융서비스
34 팔란티어(Palantir)	2003	캘리포니아	20.5	데이터마이닝
35 오픈도어(Opendoor)→P60	2013	캘리포니아	3.8	부동산
36 에어테이블(Airtable)	2012	캘리포니아	1.1	데이터베이스 관리
37 레모네이드(Lemonade)→P33	2015	뉴욕	2.0	보험, 금융서비스
38 나이언틱(Niantic)→P40	2010	캘리포니아	4.0	게임
39 집라인 인터내셔널→P178 (Zipline International)	2014	캘리포니아	1.2	드론, 물류, 로봇
40 나우토(Nauto)	2015	캘리포니아	-	자율주행차량
41 리스너(LISNR)	2012	신시내티	0.1	오디오, 모바일 기기
42 사이낵(Synack)→P128	2013	캘리포니아	0.2	보안
43 하우즈(Houzz)→P45	2008	캘리포니아	4.0	DIY, 인테리어 디자인
44 베리타스 제네틱스(Veritas Genetics)	2014	매사추세츠	-	유전자 검사
45 엘레베스트(Ellevest)→P82	2014	뉴욕	0.1	금융서비스
46 23andMe	2006	캘리포니아	2.5	유전자 검사
47 로빈후드(Robinhood)→P96	2013	캘리포니아	5.6	금융서비스
48 어필 사이언스(Apeel Sciences)→P1172012		캘리포니아	0.4	농업, 농산물
49 업테이크(Uptake)	2014	시카고	2.3	소프트웨어
50 C3.ai	2009	캘리포니아	2.1	클라우드 컴퓨팅

2018년 CNBC 선정 디스럽터 50

No	스타트업	창업	본사	시장가치 (10억 달러)	혁신업종
1	스페이스엑스(SpaceX)	2002	캘리포니아	28.0	항공우주
2	우버(Uber)	2010	캘리포니아	69.6	대중교통, 택시
3	에어비앤비(Airbnb)	2008	캘리포니아	31.0	호텔, 여행
4	디디추싱(Didi Chuxing)	2012	베이징	56.0	대중교통, 택시
5	리프트(Lyft)	2012	캘리포니아	11.7	대중교통, 택시
6	그랩(Grab)	2012	싱가포르	14.0	대중교통, 택시
7	23andMe	2006	캘리포니아	1.8	유전자 검사
8	유다시티(Udacity)	2011	캘리포니아	1.0	교육
9	렌트 더 런웨이(Rent the Runway)	2009	뉴욕	0.7	패션, 소매, 전자상거래
10	코인베이스(Coinbase)	2012	캘리포니아	1.6	금융서비스, 전자상거래

11 트랜스퍼와이즈(TransferWise)	2011	런던	1.6	은행, 송금, 환전
12 오스카 헬스(Oscar Health)	2012	뉴욕	3.2	헬스케어, 보험
13 페이오니아(Payoneer)	2005	뉴욕	1.0	전자상거래, 모바일결제
14 서베이몽키(SurveyMonkey)	1999	캘리포니아	2.0	설문조사, 소프트웨어
15 프로지니(Progyny)	2008	뉴욕	0.1	헬스케어, 난임치료
16 애드엔(Adyen)	2006	암스테르담	2.3	모바일결제, 소프트웨어
17 더리얼리얼(TheRealReal)	2011	캘리포니아	0.45	전자상거래, 패션
18 인디고 애그리컬처(Indigo Ag)	2014	보스턴	1.4	농업
19 이지탭(Ezetap)	2011	뱅갈로르	0.2	전자결제
20 펠로톤(Peloton)	2012	뉴욕	1.4	트레이닝
21 징코 바이오웍스(Ginkgo Bioworks)	2009	보스턴	1.4	향신료, 조미료, 식품원료
22 리스너(LISNR)	2012	신시내티	-	오디오, 모바일 기기
23 위워크(WeWork)	2010	뉴욕	-	임대 사무실
24 엘레베스트(Ellevest)	2014	뉴욕	0.8	금융서비스
25 집라인 인터내셔널(Zipline International)	2014	캘리포니아	-	드론, 물류, 로봇
26 란자테크(LanzaTech)	2005	시카고	-	CO_2리사이클
27 크라우드스트라이크(Crowdstrike)	2011	캘리포니아	1.1	사이버보안, 네트워크 보안
28 샤오미(Xiaomi)	2010	베이징	46.0	휴대전화
29 플러티(Flirtey)	2013	네바다	-	드론, 물류, 로봇
30 베리타스 제네틱스(Veritas Genetics)	2014	매사추세츠	-	유전자 검사
31 하우즈(Houzz)	2008	캘리포니아	4.0	DIY, 인테리어 디자인
32 C3 IoT	2009	캘리포니아	1.5	인공지능, 빅데이터, 클라우드 컴퓨팅
33 팔란티어(Palantir)	2003	캘리포니아	20.5	데이터마이닝
34 다크트레이스(Darktrace)	2013	케임브리지(영국)	1.25	인공지능, 머신러닝, 사이버보안
35 듀오링고(Duolingo)	2011	피츠버그	0.7	교육
36 핀터레스트(Pinterest)	2010	캘리포니아	12.3	전자상거래, 소셜미디어
37 씽스(Thinx)	2011	뉴욕	-	여성위생용품
38 로빈후드(Robinhood)	2013	캘리포니아	5.6	금융서비스
39 업테이크(Uptake)	2014	시카고	2.3	소프트웨어
40 드로브리지(Drawbridge)	2010	캘리포니아	0.23	타깃 광고, 디지털 마케팅
41 인모비(InMobi)	2007	싱가포르	-	광고
42 코세라(Coursera)	2012	캘리포니아	0.8	교육
43 스트라이프(Stripe)	2010	캘리포니아	9.0	전자결재, 소프트웨어, 신용카드
44 일루미오(Illumio)	2013	캘리포니아	1.2	소프트웨어, 클라우드 보안
45 파나틱스(Fanatics)	2011	플로리다	4.5	전자상거래, 운동복
46 오리스 헬스(Auris Health)	2007	캘리포니아	1.3	생명공학, 의료기기
47 루미나(Luminar)	2012	캘리포니아	-	자율주행차량
48 어필 사이언스(Apeel Sciences)	2012	캘리포니아	0.1	농업, 농산물
49 깃허브(GitHub)	2008	캘리포니아	2.0	비즈니스 서비스, 컨설팅, IT
50 소파이(SoFi)	2011	캘리포니아	4.4	은행, 금융서비스